教育部人文社会科学基金项目
"人民币汇率升值及国际化路径研究"（编号：10YJA790151)成果

邱晟晏 著

# 人民币国际化路径设计及政策建议

## The Path Design of RMB Internationalization & Policy Suggestions

中国财经出版传媒集团

经济科学出版社
Economic Science Press

图书在版编目（CIP）数据

人民币国际化路径设计及政策建议 / 邱晟晏著．
—北京：经济科学出版社，2018. 11
ISBN 978 - 7 - 5141 - 8057 - 2

Ⅰ. ①人… Ⅱ. ①邱… Ⅲ. ①人民币 - 金融国际化 -
研究 Ⅳ. ①F822

中国版本图书馆 CIP 数据核字（2017）第 117834 号

责任编辑：杜 鹏 张 燕
责任校对：隗立娜
责任印制：邱 天

**人民币国际化路径设计及政策建议**
邱晟晏/著
经济科学出版社出版、发行 新华书店经销
社址：北京市海淀区阜成路甲 28 号 邮编：100142
总编部电话：010 - 88191217 发行部电话：010 - 88191522
网址：www. esp. com. cn
电子邮箱：esp_bj@ 163. com
天猫网店：经济科学出版社旗舰店
网址：http://jjkxcbs. tmall. com
固安华明印业有限公司印装
880 × 1230 32 开 5 印张 155000 字
2018 年 11 月第 1 版 2018 年 11 月第 1 次印刷
ISBN 978 - 7 - 5141 - 8057 - 2 定价：32. 00 元
（图书出现印装问题，本社负责调换。电话：010 - 88191510）
（版权所有 侵权必究 举报电话：010 - 88191586
电子邮箱：dbts@esp. com. cn）

# 目 录

# 引　言

## 一、选题背景和选题意义

### （一）选题背景

从历史经验来看，强势的经济体必然会造就强势货币，英镑、美元、欧元、日元都是依靠其国内强大的经济实力作后盾，最终成为国际货币。

布雷顿森林体系解体以后，结束了美元独大的国际货币格局，取而代之的是仍以美元为主导的牙买加体系。美国次贷危机爆发后，世界各国开始纷纷呼吁改革现行的国际货币体系，这对人民币国际化是一次难得的历史机遇。在亚洲金融危机期间，中国政府承诺人民币不贬值，为人民币创造了良好的声誉，人民币的国际地位和影响力得到了极大提高。

### （二）选题意义

人民币国际化问题早在 20 世纪 90 年代初期就开始被提出，著名经济学家多恩布什曾预测，到 2020 年，世界上将只剩下三种国际货币，即美洲的美元，欧洲和非洲的欧元，人民币则将击败日元在亚洲占据主导地位。德国前总理施密特在 2001 年做出同样的预言，他认为，30 年后，世界上将可能存在美元、欧元、人民币这三种主要货币。"欧元之父"蒙代尔则明确指出，人民币国际化的征兆已经显现。近十年来，国内学者以及学术界对其做了大量的研究。尤其是 2008 年的全球性金融危机后，随着对现在的国际货币体系改革的呼声日益高涨，人民币国际化问题也备受关注。从文献阐述的重点来看，讨论较为集中的是人民币国际化的条件，人民币国际化的收益，人民币国际化的战略及措施。

事实上，人民币在中国与周边国家的边境贸易中已经被普遍用作支付和结算的硬通货，许多周边国家政府也默认了人民币的流通，这也反映出目前亚洲国家对人民币的信心较强。相信随着中国经济实力的不断壮大，人民币必将最终完成国际化。因此，积极地探索出一条符合中国具体国情的人民币国际化路径，已成为一个十分重要的研究课题。

# 二、本书的结构和研究方法

## （一）本书结构

本书以货币国际化的相关理论为基础，以人民币国际化路径的考察为依据，借鉴世界主要国际化货币的国际化路径经验，得出结论：货币国际化存在共性，人民币国际化存在其自身的特殊性。进而提出了人民币国际化路径设计的基本原则和总体思路，设计出了一条人民币国际化的路径，并提出了与之配套的推进措施与战略思考。

本书技术路线如图 1 所示。

```
┌──────────┐   ┌──────────┐   ┌──────────┐
│ 理论基础  │   │ 现实依据  │   │ 历史借鉴  │
└────┬─────┘   └────┬─────┘   └────┬─────┘
     │              │              │
     └──────────┐   │   ┌──────────┘
                ▼   ▼   ▼
             ┌──────────────┐
             │   路径设计    │
             └──────┬───────┘
                    ▲
          ┌──────────────────────┐
          │ 推进措施与战略思考      │
          └──────────────────────┘
```

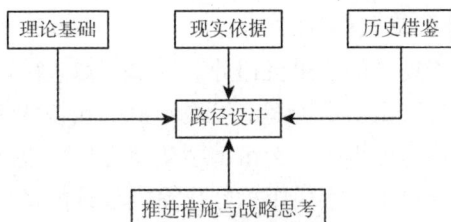

**图 1　本书技术路线**

本书在引言中主要介绍了选题背景和意义，提出了全书的框架结构、研究方法、主要创新点和不足。

第一章梳理了货币国际化的主要理论及相关文献。首先，对威廉·配第、亚当·斯密、马克思和萨伊等的货币国际化思想进行了阐述；其次，对弗里德曼的浮动汇率理论、蒙代尔的最优货币区理论、切提的货币替代理论进行了总结；最后，对国内外关于货币国际化和人民币国际化的相关文献进行了述评，为研究人民币国际化的路径设计提供了理论基础。

第二章对人民币国际化路径的发展现状进行了考察。首先，从人民币国际使用范围路径考察了人民币周边化、亚洲化和国际化的现状。其次，从人民币国际货币职能路径对人民币结算、计价货币职能，人民币投资货币职能和人民币储备货币职能进行了考察。得出结论：人民币目前处于国际化的初级阶段。

第三章从历史的角度对英镑、美元、欧元和口元国际化的发展路径进行了回顾，并分别归纳出其国际化演化路径的特点，最后总结出世界主要货币国际化路径对人民币国际化路径的启示，为人民币国际化的路径设计提供了历史借鉴。

第四章是本书研究的核心内容，对人民币国际化路径进行了设计。本章中，首先，对货币国际化在内在基础和外在条件的共性进行了分析。笔者认为，货币国际化的内在条件相同，如国民经济占世界经济的比重较大、对外贸易全球地位较高及外汇储备规模较大等；货币国际化的外在条件相似，如本国的国际地位较高以及国际环境提供的历史机遇等。其次，对人民币国际化的特殊性进行了分析，指出中国经济发展本身存在特殊性，因此，人民币国际化路径与世界主要货币国际化路径比较也必然存在特殊性。最后，笔者提出了人民币国际化路径设计的基本原则和设计思路，并在此基础上设计出了一条配有保障措施的人民币国际化路径。

第五章，为加速人民币国际化的早日实现，本书提出了人民币国际化路径的推进措施：（1）积极与目标国家签订人民币货币互换协议；（2）简化人民币跨境结算审核流程；（3）争取国际大宗商品人民币计价权；（4）适时推出跨境人民币贷款业务；（5）大力发展人民币计价债券；（6）规划人民币对外直接投资布局；（7）建立人民币离岸金融中心；（8）加速人民币汇率形成机制和利率市场化改革；（9）逐步实现资本项目可自由兑换。最后，提出了笔者关于人民币国际化路径的战略思考：一是必须巩固人民币国际化的政治经济基础；二是必须继续保持对外贸易领先地位；三是必须打造人民币的国际投资基础；四是必须实现金融强国梦想，这是实现人民币国际化路径的关键。

## （二）研究方法

整个研究过程努力遵循学术研究规范，采取多种方法对人民币国际化问题开展研究，主要分析方法如表1所示。

表1　　　　　　　　　　内容和研究方法

| 内　　容 | 研究方法 |
| --- | --- |
| 第一章　货币国际化理论及相关文献述评 | 文献资料法、归纳法 |
| 第二章　人民币国际化路径考察 | 比较分析法、归纳法 |

| 内　容 | 研究方法 |
|---|---|
| 第三章　主要货币国际化演化路径及启示 | 历史分析法、比较分析法、文献资料法、归纳法、演绎法 |
| 第四章　人民币国际化的路径设计 | 比较分析法、规范分析法、演绎法 |
| 第五章　人民币国际化路径的推进措施与战略思考 | 归纳法 |

# 三、主要创新点和不足

## （一）主要创新点

1. 本书从货币的使用范围和国际货币职能两方面对世界主要货币的国际化路径进行了回顾，得出结论：人民币国际化路径不能重走任何一种货币的国际化路径，但从中我们得到了有益的启示。

2. 货币国际化存在共性基础，但人民币国际化还存在特殊性，在此基础上，本书提出了人民币国际化路径设计的基本原则和设计思路，最后设计出了人民币国际化路径图。

3. 本书对人民币国际化的“两个三步走”路径做出了改进和再设计，并认为，人民币国际化不一定必须遵循既定的路径逐步推进，也可以同时推进，并且提出了与人民币国际化路径相配套的促进措施和战略思考。

## （二）存在的不足

1. 由于货币国际化复杂性，相关数据资料的挖掘、采集和整理上存在很大的难度，论证数据的全面性难以保证。

2. 人民币国际化是人类货币史上发展中国家主权货币国际化的开创性事件，国际化路径没有可供遵循的模板，是一项探索性和实践性很强的研究。本书设计出的人民币国际化路径及对策措施都需要在人民币国际化的不断实践中得到检验、修正和完善。

# 第一章

# 货币国际化理论及相关文献述评

## 一、货币国际化的理论基础

### （一）威廉·配第的货币国际化思想

"威廉·配第（William Petty）是政治经济学的创始人。"[1]
所以说是他为古典经济学体系铺平了道路。配第的货币思想主要
体现在其著作《货币略论》中。

配第最早明确将货币的使用价值与币材价值区分开来，把货
币从金属的功能中区别出来，他将货币看做价值尺度。他认为，
"由金银铸成的货币是贸易的最好的尺度，因而必须相等，否则
它就不成其为尺度，因而也就不是货币，而只是单纯的金
属。"[2]这一观点，为后世古典经济学研究货币理论在体系中找
到了突破口。配第还曾明确地提出要设立一个能够"准确计算
的银行"，"在英格兰我们有很多物资可供成立一个银行"。这一
思想也使得配第成为第一个提出"一个国家货币如何在世界上
确立地位"的货币国际化路径的经济学家。

### （二）亚当·斯密的货币国际化思想

亚当·斯密（Adam Smith）是古典经济学派的奠基者，他的经济思想集中体现在《国民财富的性质和原因的研究》（以下简称《国富论》）中。"在亚当·斯密那里，政治经济学已发展为某种整体，它所包括的范围在一定程度上已经形成。"[3]

斯密结合他关于国际贸易分工中的绝对优势主张，提出了他的世界货币理论。他的世界货币理论更多地述及货币和纸币的一般性问题，最后才论及了世界货币的币材和流通问题。首先，斯密关注货币的价值尺度和流通手段。他认为，"货币是交易的媒介，又是价值尺度。因为它是交易的媒介，所以我们用货币，比用任何其他商品，都更容易取得我们所需的物品。……因为它是价值的尺度，我们便用各种商品所能换得的货币量，来估计其他各种商品的价值。"[4]其次，斯密认为增加货币发行量能实现货币的流动。由于金银产量有限，解决金银货币不足的唯一途径就是增加发行纸币的数量。而且，纸币的增发是有限度的，"任何国家，各种纸币能毫无阻碍地到处流通的全部金额，决不能超过其所代表的金银的价值。"[5]最后，斯密提出了他的世界货币思想。斯密以纸币的发行和一国货币流通为背景，对一国通货与全年产值从价值尺度和流通手段的角度对其思想举例说明。如果一国全年的商品总量能够用 100 万英镑的金银币来表现，当加入 100 万英镑纸币发行的时候，除了 20 万英镑的金银币保留外，外界有 80 万英镑的金银币和 100 万英镑的纸币在流通，那么多出来的 80 万英镑货币就需要外流。只是，"纸币在外国是不能通用的。所以，送到外国去的，一定是 80 万镑金银。"[6]可以看出，斯密的货币理论中将纸币的流通纳入对世界货币的研究之中，并论及了纸币对贵金属货币的替代问题。斯密关于世界货币的思想也为今后金本位论战埋下了伏笔。

### (三) 马克思的世界货币思想

卡尔·马克思（Karl Marx）建立了马克思主义政治经济学体系。他认为整个市场经济的运行都离不开货币，也因如此，马克思的货币思想也贯穿于他的所有经济理论之中。

马克思在《资本论》中论及，"在世界市场上，占统治地位的是双重价值尺度，即金和银"，即只有金和银才能够充当世界货币。其"最主要的职能，是作为支付手段平衡国际贸易差额"[7]和"作为支付手段、购买手段和一般财富的绝对社会化身"[8]。马克思还指出，作为世界货币的金银还具有货币储藏职能。可见，马克思的货币理论认为"'货币是固定的充当一般等价物的商品'，因此具有价值尺度、流通手段、支付手段、储藏手段和世界货币的职能。"[9]世界货币的职能是货币前四种职能在国际范围上的扩展和延伸。

当然，无论从货币流通使用范围的角度还是从货币的职能角度，马克思所论述的"世界货币"跟我们现在所强调的"国际货币"相比都存在很大差异。但从某种意义上可以说，世界货币是国际货币的最高层次。

### (四) 萨伊的货币国际化思想

让·巴蒂斯特·萨伊（Jean Baptiste Say）是19世纪初期法国著名的经济学家，是亚当·斯密经济学说在法国的传播者。

萨伊的货币理论是斯密货币思想的发展，依然通过研究分工进而引出货币及其一般性质。他认为货币的产生是分工的结果，"国家越文明，分工越精密，货币越必要"[10]，萨伊的货币理论中最值得赞赏的是他最早发现了"铸币费"（也称"铸币税"），并对其进行研究。萨伊关于铸币费的研究是建立在国际货币流通的基础上的。他认为"处于几尼形式的黄金，显然比金条较胜一筹……这因为已经化验清楚"[11]。这里的"化验"就是国家权力的一种体现,也就是说,国家权力是铸币费产生的原因。同时他也看到,"一切欧洲国家从铸币所取得的收入,都超过铸币费用很多",并进一步研究得出结论:铸币材料的价值高低完全不会影响铸币税的高低。

萨伊关于货币和货币国际化的思想是比较散乱的,尚未形成一套成型的货币国际化理论。但我们仍能从中提炼出一些对后世研究者起到启示作用的观点,比如货币国家主权、国家铸币税收入、国家对外贸易主张等。

## 二、货币国际化理论的发展

20世纪上半叶是货币国际化思想快速发展的时期,抑或是理论框架形成的时期。这一时期,经济学家们开始对世界货币或货币国际化进行深入的探讨。在这个阶段货币国际化就逐渐开始由思想上升成为理论。

### (一)科恩的货币地理学

本杰明·科恩(Benjamin Cohen)是美国著名的经济学家,著有一部专门的货币国际化的理论专著——《货币地理学》。科恩明确地对货币国际化进行了定义,界定了国际货币的职能,更深入地研究了货币国际化与国家货币主权的关系。

科恩在《货币地理学》的绪言中写道,一开始"所有货币都具有国家性质:一国一种货币",但随着经济的发展,"货币使用已不再局限于国家的领土边界之内","有很多种货币已在本国之外作为交换工具而使用"[12]。

科恩认为货币是具有交换中介、计量单位和价值储藏三种职能的东西。世界货币与货币一样，也相应地具有这三种职能。科恩对世界货币职能进行的界定也是当今能够为学术界普遍接受的关于世界货币职能的经典描述。

科恩的"货币地理学"作为货币国际化理论早期研究的重要成果，它系统明晰地阐述关于货币以及货币国际化的相关问题，为后来的货币国际化理论的发展和展开提供了重要的理论支撑。

### （二）弗里德曼的浮动汇率理论

米尔顿·弗里德曼（Milton Friedman）是货币学派的创始人。货币学派重新高举"自由主义"的旗帜，提出了稳定货币、反对通货膨胀等系列政策主张，顺应了当时资本主义经济发展的需要，赢得了官方的认可和赏识。弗里德曼对货币国际化理论最大的贡献在于预见性地提出了浮动汇率理论。

弗里德曼在吸收和借鉴了费雪的现代交易数量后，在马歇尔、庇古的现金余额数量说的剑桥方程式的基础上，建立了现代货币数量理论。正是借此弗里德曼才得以超脱以往"固定汇率"理论的框架束缚，提出浮动汇率理论，成为时至今日仍在支配国际汇兑体系的一种重要理论。[13]

当时国际金融体系正处于布雷顿森林体系时期，固定汇率制度如日中天。然而，弗里德曼却敏锐地观察到当时固定汇率制的弊端，预言固定汇率制必将终结。他认为，"刚性的固定汇率将引发严重的不必要的困难。"[14]"我相信以固定的法则，以一项固定的货币数量增长率来执行货币政策，其结果将会更好"[15]。从货币国际化的思想角度看，弗里德曼早已预见到固定汇率制即将终结，而浮动汇率将成为世界上大多数国家所使用的货币汇兑体系。

# 三、货币国际化理论的新方向

20 世纪下半叶，以美元为中心的布雷顿森林体系瓦解，马克、日元和欧元则先后成为国际货币，国际化货币体系逐步呈现多元化的状态。货币国际化的研究视角不再局限于单一国别货币的研究中，开始探讨多种主权货币集合化为单一的区域货币或世界货币的可能，并在欧元的诞生中得到验证。

## （一）蒙代尔的最优货币区理论

1. 蒙代尔的"最优货币区"理论。

一提到"最优货币区理论"，人们不禁都会想起诺贝尔经济学奖得主、被尊称为"欧元之父"的蒙代尔（Robert Mundell）。"最优货币区"这一概念正是由蒙代尔最早提出的。1959 年，蒙代尔在斯坦福大学研讨会上作了题为"国际调节理论和最优货币单位"的演讲，第一次公开阐述了内外部均衡的动态模型，从而形成了最优货币区理论的思想雏形。1961 年 9 月蒙代尔在《美国经济评论》上公开发表了一篇题为《最优货币区理论》的学术文章，这篇文章在货币国际化理论界被认为是货币区理论研究的开山之作，同时也标志着蒙代尔的货币区理论的诞生。

（1）蒙代尔对浮动汇率制的质疑。蒙代尔坚信浮动汇率制度存在一个很重要的问题，即大国和小国在国际货币交换体系中负担的不对称性。他认为，"在一个寡头支配的世界里，我们需要一个国际货币体系来保护弱国免受强国的生杀予夺。"[16]

（2）"最优货币区"理论的提出。基于对浮动汇率制度质疑的基础上，为了弥补因小国国家实力不足而引起的大国和小国在国际货币交换体系中的地位差距，蒙代尔逐渐将研究的视角转向货币区的探讨，最终提出了"最优货币区"的理论。他认为，要平衡国际货币体系的实力，就必须建立多个货币区。蒙代尔着重分析了欧洲货币联盟的可能性，甚至还曾列出一份欧洲货币联盟成员国的概率名单，其中像德国、法国这种核心国家加入的概率是80%；德国、法国、奥地利、荷兰、比利时、卢森堡、丹麦、爱尔兰和芬兰组成货币联盟的概率是60%；以上国家加上瑞典、葡萄牙、西班牙和意大利的概率是30%；英国如果加入的总概率是15%。[17]

虽然蒙代尔的"最优货币区理论"还存在许多不完善的地方，但他为货币国际化理论研究提供了一种全新的视角，并建立了一套研究货币区域化的基础框架。此后，众多经济学家相继对最优货币区理论进行了不同角度的补充和完善。目前，"最优货币区"理论仍在不断发展和完善之中，"最优货币区理论"已成为货币国际化理论研究的核心问题。

2. 传统的"最优货币区"理论。

（1）单一标准的"最优货币区"理论。传统的"最优货币区"理论，主要集中研究符合什么标准的区域适合构建最优货币区。先后提出了要素流动性标准（Mundell，1961）、经济开放度标准（McKinnon，1963）、产品多样化程度标准（Kenen，1969）、金融市场一体化程度标准（Ingam，1969）、工资与物价的弹性标准（Kawai，1987）、通货膨胀以及政策偏好相似度标准（Haberler，1970；Fleming，1971）和政策一体化程度标准（Tower and Willett，1970）等一系列单一标准的"最优货币区"理论。这一阶段的研究都是从单一的角度来审视构建最优货币区的条件，显然过于片面，无法满足实践的客观要求。因此，学者们在单一标准的"最优货币区"理论基础上又进行了进一步的探索。

（2）复合标准的"最优货币区"理论。复合标准的"最优货币区"理论是将各种单一标准的"最优货币区"理论综合在一起进行分析。Visser（1991）将要素流动性标准、政策一体化程度标准和工资价格弹性标准等结合，提出要素流动性强、政策一体化程度高、工资价格机制灵活的国家适合加入最优货币区。George（1993）将产品多样化程度标准和工资与物价的弹性标准结合在一起，形成"国别标准"。Rehman（1997）对单一标准理论进行了归纳总结：第一，劳动力和资本高流动性时，固定汇率的货币联盟更有效率；第二，经济开放程度越高，经济规模越小，参加固定汇率货币联盟的倾向越大；第三，价格工资越灵活，越应该采用固定汇率制度；第四，生产消费结构相似的国家，受外部冲击的影响也相似，此时浮动汇率制度的有效性将会降低；第五，财政一体化有利于货币联盟抵御外部冲击。

（3）最优货币区的"成本—收益"理论。20 世纪 70 年代之后，最优货币区理论的研究重点转到了评估加入货币区的成本和收益上。著名经济学家及其观点包括：K. Hamada（1985）提出了分析最优货币区成本和收益的一般框架，指出一国加入货币区的收益主要是货币的实用性得到提高，成本则是成员国丧失货币政策独立性所带来的风险。B. Cohen（1997）得出一国参与货币区所产生的成本与收益是可以准确计算出来的结论。但遗憾的是，这一时期关于成本—收益的研究并没有形成理论体系，多停留在定性分析上，缺乏量化分析。

3. 现代的"最优货币区"理论。20 世纪 90 年代以后，随着欧洲货币一体化进程的加速，"最优货币区"理论也有了新的理论创新。

（1）GG-LL 模型。在成本—收益定性分析的基础上，Krugman 和 Obstfled（1998）提出了 GG-LL 模型，GG-LL 模型是一种定量分析并加入最优货币区成本和收益的科学方法，能够为一国是否加入货币区提供较为有效的标准。

在 GG-LL 模型（见图 1 – 1）中，用 GG 表示一国加入货币区的收益，且一国加入货币区的收益同该国与该地区的经济一体化呈正相关性。用 LL 来表示加入货币区的成本，一般，一国与货币区的一体化程度越高，该国加入货币区的成本损失就越小。GG 曲线和 LL 曲线相交于 E 点，该点的经济一体化程度为 θ，在 θ 左边，一国加入货币区的收益小于损失；而在 θ 右边，加入货币区的收益大于损失。因此，GG 曲线和 LL 曲线的交点决定了一国加入货币区所需要达到的经济一体化程度的最低值。[18]

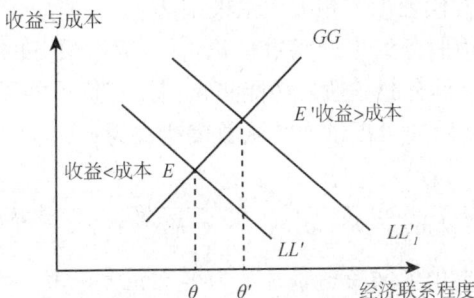

图 1 – 1　GG-LL 模型

当然，θ 并不是一个固定不变的值，如果外部经济环境变动，LL 曲线右移至 LL'，与 GG 曲线相交于 E'。那么，该国加入货币区所需要达到的经济一体化程度的最低值也从 θ 上升到 θ'。

（2）"一个市场、一种货币"的新思想。随着欧洲经济一体化进程的加快，市场的融合超越国家已成为一种趋势，欧洲各国的货币已无法发挥正常的价值尺度和流动手段职能，欧洲各国迫切要求某种形式的货币融合。在此背景下，Emerson 和 Gros 以加入货币区的成本和收益分析入手，于 1992 年提出了"一个市场、一种货币"这一思想。他们认为，货币从根本上来说是服务于市场的，货币的选择最终也取决于市场的需求，强调无论市场有多大、有多少个国家，只要是属于同一个市场就应选择同一种货币，宣扬货币脱离国家主权的思想，为货币一体化扫清了思想上的障碍。

### （二）切提的货币替代理论

美国经济学家卡鲁潘·切提（V. K. Chetty）在 1969 年 3 月发表于《美国经济评论》的文章"On Measuring the Nearness of Near Money"[19]。中提出了货币替代的思想。①

1. 货币替代理论的相关理论模型。

（1）货币服务的生产函数理论[20]。货币服务的生产函数理论认为：货币具有服务性的功能是人们持有货币的原因，而这一功能本币、外币均可提供。其函数表达式为：

$$\lg \frac{M_d}{EM_f} = \frac{1}{1+\rho}\lg \frac{\alpha_1}{\alpha_2} + \frac{1}{1+\rho}\lg \frac{1+i_f}{1+i_d} + \mu \qquad (1.1)$$

其中，$M_d$ 为本币名义持有量；$E$ 为名义汇率；$M_f$ 为外币名义持有量；$\rho$ 为参数；$\alpha_1$ 和 $\alpha_2$ 分别为本币和外币余额所提供的货币性服务的权重，反映持有货币的边际效益；$i_f$ 和 $i_d$ 分别为本币与外币的利率；$\frac{1}{1+\rho}$ 为替代弹性；$\mu$ 为随机扰动项。

该模型的经济含义是：如果 $\lg \frac{M_d}{EM_f}$ 增加，则本币对外币产生替代；反之，如果 $\lg \frac{M_d}{EM_f}$ 减少，则外币对本币产生替代。货币替

_____

① 货币替代就是多币种资产持有者在一定经济条件下如财富总量一定、货币可自由兑换的情况下，由于交易动机、预防动机以及资产最大化组合等需求，在不同币种资产之间相互置换，从而在宏观上产生各种货币资产结构与总量变化的经济现象。

代可以反映在两种货币的替代弹性 $\dfrac{1}{1+\rho}$ 上，替代弹性越大，替代

程度越高。同时，$\dfrac{\alpha_1}{\alpha_2}$ 越接近于 1，替代弹性 $\dfrac{1}{1+\rho}$ 越大；当 $\dfrac{\alpha_1}{\alpha_2} = 1$

时，两种货币完全替代。

（2）货币需求的边际效用函数理论[21]。货币需求的边际效用函数是对货币服务的生产函数的修正，该理论认为，除了持有本币与外币的机会成本外，一国的国民收入也会影响本币与外币的持有比率，其函数表达式为：

$$\lg M_d = \alpha_0 + \alpha_1 \lg y + \alpha_2 i_d + \alpha_3 i_f + \mu \qquad (1.2)$$

$$\lg E M_f = \beta_0 + \beta_1 \lg y + \beta_2 i_d + \beta_3 i_f + \mu \qquad (1.3)$$

其中，$M_d$ 为本币名义持有量；$E$ 为名义汇率；$M_f$ 为外币名义持有量；$i_f$ 和 $i_d$ 分别为本币与外币的利率；$y$ 为本国国民收入；$\alpha_0$、$\alpha_1$、$\alpha_2$、$\alpha_3$、$\beta_0$、$\beta_1$、$\beta_2$、$\beta_3$ 为参数；$\mu$ 为随机扰动项。

两式相减，得：

$$\lg \frac{M_d}{E M_f} = \eta_0 + \eta_1 \lg y + \eta_2 i_d + \eta_3 (i_f - i_d) + \mu \qquad (1.4)$$

其中，$\eta_0 = \alpha_0 - \beta_0$；$\eta_1 = \alpha_1 - \beta_1$；$\eta_2 = \alpha_2 - \beta_2 + \alpha_3 - \beta_3$；$\eta_3 = \alpha_3 - \beta_3$。

可见，本国的国民收入和国内外的利率差决定了对一国货币的需求。本国国民收入越高，本币与外币的利率差为正时，对本币的需求就越大；反之，本国国民收入越低，本币与外币的利率差为负时，则对本币的需求就越小。

（3）货币需求的资产组合理论[22]。货币需求的资产组合理论认为，人们通常持有两种资产，即持有不生息的货币余额和持有各种生息本外币资产。出于保值或规避风险的考虑，人们会经常调整不生息的货币余额与生息的本外币资产之间的持有比例，

从而产生货币替代。其函数形式为：

$$\frac{M_d}{P} = \Phi f(y, i, \mu) \qquad (1.5)$$

其中，$M_d$ 为本币名义持有量；$P$ 为本币价格指数；$y$ 为本国国民收入；$i$ 为本币利率；$\mu$ 为随机扰动项；$\Phi$（$0 < \Phi < 1$）为本币提供的货币性服务的比例，$\Phi$ 越接近于 1，表示本币提供的货币性服务越多。假定其他条件不变，$\Phi$ 越接近于 1，人们越倾向于持有本币；反之，$\Phi$ 越接近于 0，人们越倾向于持有外币。无论哪种现象，都导致了货币的替代。

（4）货币的预防需求理论[23]。货币的预防需求理论认为，获得货币资产需要支付的交易成本以及未来支出的不确定性决定着人们持有的货币。为了降低交易成本和未来的不确定性，人们会同时持有一定比例的本币与外币，并出于个人资产真实收益的最大化而改变其持有本外币的比例。其函数形式为：

$$M_d = M_d(r, s, b, c, z^{\wedge}, z^{\wedge *}, \gamma, \beta) \qquad (1.6)$$

$$M_f = M_f(r, s, b, c, z^{\wedge}, z^{\wedge *}, \gamma, \beta) \qquad (1.7)$$

$$B = W - M_d - M_f \qquad (1.8)$$

其中，$M_d$ 为本币名义持有量；$M_f$ 为外币名义持有量；$B$ 为本币债券需求量；$W$ 为所持有财富；$r$ 为本币债券收益率为本币相对外币的距值率；$z^{\wedge}$ 和 $z^{\wedge *}$ 分别为本币与外币需求 $z$ 和 $z^*$ 的均值；$b$ 为本币债券变现成本；$c$ 为本外币兑换成本；$\gamma$ 和 $\beta$ 为参数。另外，$\frac{\partial M_s}{\partial \rho} < 0$，$\frac{\partial M_d}{\partial s} < 0$，$\frac{\partial M_f}{\partial r} < 0$，$\frac{\partial M_f}{\partial s} > 0$，$\frac{\partial B}{\partial r} > 0$，$\frac{\partial B}{\partial s} < 0$。

其经济含义是：当本币债券收益率上升时，本币与外币名义持有量下降，本币债券需求上升；当本币相对外币贬值时，外币名义持有量则会上升，外币对本币形成替代。

# 四、人民币国际化相关文献述评[24]

Cohen（1971）最早定义了货币国际化，认为货币的国际化就是其国内职能在国际的扩展。[25]Hartmann（1998）进一步扩展了 Cohen 的定义，认为当一国货币在国际上拥有交换媒介、记账单位和价值储藏手段等货币职能时，该国货币就已经达到了国际化。[26]欧元之父蒙代尔（2003）则认为，货币的流通范围超出了法定的流通区域，即为货币的国际化[27]。

人民币国际化问题早在 20 世纪 90 年代初期就开始被提出，著名经济学家多恩布什曾预测，到 2020 年，世界上将只剩下三种国际货币，即美洲的美元，欧洲和非洲的欧元，人民币则在亚洲占据主导地位。[28]德国前总理施密特在 2001 年做出同样的预言，他认为，30 年后，世界上将可能存在美元、欧元、人民币这三种主要货币。"欧元之父"蒙代尔（2003）则明确指出，人民币国际化的征兆已经显现。近十年来，国内外学者以及学术界对其作了大量的研究。

## （一）人民币国际化条件的研究述评

关于货币国际化所需要的条件，马克思指出："货币一越出国内流通领域，便失去了在这一领域内获得的价格标准、铸币、辅币和价值符号等地方形式，又恢复原来的贵金属块的形式。"[29]国际货币基金组织（IMF）认为，一种货币要成为国际货币必须具备三个特征：一是自由兑换性，即该货币能及时且方便地被各国政府或居民所买卖、兑换；二是普遍接受性，即该货币在外汇市场上或在政府间清算国际收支差额时，能被普遍接受；三是相对稳定性，即该货币的币值能保持相对稳定。Bergsten（1975）认为，成为国际货币的条件应是政治和经济两个方面的强大。[30] Tavlas（1990）提出，一国货币成为国际货币应具备三个必要条件：人们对这种货币的币值具有信心；货币发行国的政治高度稳定；货币发行国存在一个管制很宽松的金融市场，且这个市场具有一定广度。Matsuyama、Kiyotaki 和 Matsui（1993）发现，经济规模巨大的国家的货币更有可能成为国际货币。[31] Tavlas（1997）认为，政治稳定、完善开放的金融市场和较大的全球出口量占比是一国货币成为国际货币的条件。[32] Bacchetta 和 Wincoop（2002）研究发现，市场份额和产品差异度是决定计价货币选择的两个主要因素。[33] Mundell（2003）认为，一国货币要成为国际货币取决于人们对该货币稳定程度的信心，而这又取决于货币流通或交易区域的规模、货币政策的稳定、没有管制、货币本身的还原价值等因素。[34] 韩文秀认为，一国货币要演变成为国际货币需具备一些条件，包括强大的经济实力和综合国力、发达而开放的金融体系、信誉良好而坚挺的货币、庞大的贸易盈余和对外投资、广泛的文化政治影响及坚定的国家意志和精明的经济外交。[35]

对人民币国际化所需的条件，国内学者有许多不同的观点。一些学者认为，人民币基本具备了国际化的条件。如周群（2004）、何慧刚（2007）等众多学者认为，目前人民币已具备国际化的基本条件，即：中国经济持续发展，为人民币国际化奠定了坚实的物质基础；人民币价值相对稳定，为人民币国际化提供了信誉保障；人民币实现经常项目可兑换、资本项目部分可兑换，迈出了国际化的重要一步；中国金融制度日益完善，金融市场日益成熟，金融市场对外开放正在加速；人民币正得到周边国家的青睐，在双边贸易中广泛使用，可兑换性正在提高。可见，人民币国际化时机已成熟。[36][37] 周小川（2005）表示，中国应鼓励在双边贸易中使用人民币并带动人民币在周边国家和地区流通。沈小燕（2009）认为，人民币国际化还需要历史时机，而目前全球性的金融危机正是人民币国际化的理想时机。[38]

但也有学者持不同的观点，景学成（2000）认为，目前人民币国际化条件尚不成熟，人民币目前在部分周边国家和地区的流通属于非制度性行为，并不是人民币国际化的开端。[39]何泽荣（2002）指出，中国现在还仅实现了经常项目的可兑换，未实现资本项目的可兑换，且经常项目可兑换中还有不少值得改进和完善的地方。因此，人民币国际化还为时尚早。[40]徐明棋（2005）也给出了相似的观点：实现资本账户的自由兑换是人民币走向国际化的基础性，缺了这一基础性条件，人民币国际化便无从谈起。[41]

从国内外学者对货币国际化条件研究中我们不难总结出：货币国际化是市场选择的结果，政治上的强大与稳定、经济规模和国际贸易的发达、金融市场的完善以及投资的市场份额等是一国货币国际化所必须具备的条件。大多数国内学者认为目前人民币已经基本具备了人民币国际化的条件，但也少数学者对此提出了质疑，人民币究竟应否加速国际化一直是学术界争论的一个话题。

## （二）人民币国际化收益的研究述评

1. 获得国际铸币税收入。

国际铸币税收入是货币国际化收益中最直接和最可观的部分。国外学者对国际铸币税问题的研究很多，主要有 Aliber（1964）[42]、Cohen（1971）、Bergsten（1975）、Tavalas（1997）等[43]，他们一致认同货币国际化的国家能够获得国际铸币税收入，但影响铸币税的大小因素一直存在争论。较为公认的是 Cohen（1971）提出的"国际铸币税的收入规模根本上依赖于该货币的国际垄断地位"的观点。国内学者对国际铸币税也多有研究。曹勇（2002）认为国际铸币税的攫取主要依赖于货币的国际储备地位。[44]陈雨露等（2005）认为，货币国际化利益可分成可计量的和不可计量的经济利益两部分。其中，可计量的部分主要表现为国际铸币税收益和境外储备投资的金融收益。若我国在2010年能实现人民币区域国际化，则在2020年可获得累计近7500亿元的国际化利益。[45]

2. 促进对外贸易和投资。

Aliber（l964）认为一国货币一旦国际化后，该国便可以通过增发货币导致本币贬值进而刺激出口和减轻以本币计值的外债负担。中国学者在这方面也提出了很多见解。郑木清（1995）、陶士贵（2002）指出，人民币若成为国际货币，中国在对外经济交往中使用人民币计价结算，可以减少甚至于消除汇价风险，对外贸易和对外投资将更加便利。[46][47]郭恩才、薛强（2002）和赵海宽（2003）认为，人民币国际化以后，人民币将成为对外贸易中的支付和结算货币，中国对外贸易的发展不再受外汇制约，有利于对外贸易进一步发展，也规避了汇率风险。[48][49]同时，谢太峰（2006）也指出，人民币国际化，一方面，可以免去中国进出口商因外汇套期保值所造成的这部分成本支出；另一方面，也便于中国对国外进口商提供本币的出口信贷，从而进一步提升中国商品的出口竞争力。[50]

3. 在货币政策制定和国际收支调节方面获得政策优势。

Aliber（1964）、Cohen（1971）、Bergsten（1975）、Eijffinger（2003）认为，国际货币发行国可通过发行本国货币为国际收支赤字融资。[51]盛洪（1999）认为，如果一国拥有了国际货币发行权，就可以启用货币政策制定权。当出现经常账户逆差时，只需输出货币，就可以把国内经济调整的负担抛给非国际货币国家，以实现通胀输出和衰退压力的转嫁。[52]

4. 提高人民币的国际地位。

赵海宽（2003），李婧、管涛、何帆（2004），谢太峰

（2006）等在文章中指出，人民币的国际地位与人民币的国际化程度密切相关，如果人民币能够成为国际间普遍接受的国际货币，那么人民币（中国）就可以在国际金融制度的安排、国际游戏规则的制定中拥有更多的话语权。[52][54]

5. 促进银行与其他金融部门发展。

Bergsten（1975）和 Tavalas（1997）认为，一国货币一旦国际化后，该货币发行国的金融机构便可在国际上进行贷款、投资和商品、服务的购买，这将增加该国金融部门的收益。郑木清（1995）、金发奇（2004）认为，人民币国际化将推动金融业务及交易进一步发展和金融机构中介业务收入增加。[55]

可见，货币的国际化将会给该国带来额外的收益，且收益的多少与该国的货币在国际化程度成正比。笔者认为，人民币能否国际化对于中国的经济发展有着极其重要的意义，虽然人民币国际化可能会加大中国遭受经济和金融动荡冲击的可能性，但总的来说利大于弊。

### （三）人民币国际化路径的研究现状述评

随着中国在全球经济和国际地位的逐渐提高，人民币国际化的呼声日益增高。近年来，中国学者在理论上对此进行了多方面的探讨，形成了比较丰富的研究成果，主要有以下四种观点。

1. 整合"一国四币"，实现人民币"大中华区"的一休化。

陈岩岩、唐爱朋、孙健（2005）认为，目前中国大陆、港澳台地区有统一的国家主权，却没有一个统一的货币，存在着"一个国家四种货币"的情况。因此，整合"一国四币"可以作为人民币国际化的初始选择。[56]梁彩红、杜秋莹（2005）探讨了建成中华货币区的现实基础，并为中华货币区的货币一体化模式给出了推进顺序。[57]刘力臻、徐奇渊（2006）也指出，一国四币的整合不仅可以大大提高人民币国际化的进程，提高人民币国际化指数，更可以为人民币参与区域货币合作积累经验。[58]

诚然，大陆、香港、澳门、台湾同属血脉相连的一个中国，同宗同族，有着天然的经济和文化联系。这是"一国四币"整合的有利条件。但大陆和台湾地区之间地区仍存在政治障碍，与其进行货币合作显然短期内无法达成。因此，我们可以先实现内地和港澳地区的货币统一。当人民币在东亚或者亚洲甚至更广的范围内成为一种关键货币，并发挥主导作用，在政治条件适当时再谋求人民币与新台币的深层次货币合作，并利用两岸在经济货币上的合作推动政治上的合作，最终实现两岸的和平统一。

2. 人民币通过参与区域货币合作，形成亚洲统一货币——亚元。

李晓、丁一兵（2003）对东亚构建区域货币体系的必要性和可行性进行了分析，认为现阶段东亚各国、各地区应尽快构筑起区域层次的货币金融合作。[59]周元元（2008）认为，中国—东盟区域货币合作的条件已经成熟，一旦中国—东盟货币区建成将有利于整个区域的金融稳定和互惠共赢。[60]刘力臻（2010）指出，东亚货币合作中的人民币国际化的三种可能趋势：一是东亚3＋10货币合作中的强势货币；二是东亚货币合作中创建"亚元"的基础货币；三是东亚货币合作中的驻锚货币、强势货币，进而实现人民币周边化乃至东亚化。并预言人民币将在全球金融货币合作中成为多元国际货币中的重要一级。[61]在2012年博鳌亚洲论坛中，作为博鳌论坛理事长的日本前首相福田康夫指出，希望亚洲能尽快拥有统一货币——亚元。此言一出，引起广泛关注。

其实，"亚元"并不是一个新兴概念。"亚元区"最早是由马来西亚前总理马哈蒂尔在1997年东盟国家首脑会议上提出的。2003年，"欧元之父"蒙代尔也曾建议在亚洲地区设立由某一组货币组成的共同货币——"亚元"。但是，亚洲搞统一货币要比欧洲难得多。欧洲国家有着相似的政治体制和意识形态，长期以来有着建立统一体的强烈愿望，而且欧洲国家的经济发展程度相对接近，所以欧元的诞生可以说是水到渠成。反观亚洲，到现在都没有一个亚洲范围的自由贸易区，甚至没有一个得到国际上广泛认同的亚洲经济圈，各个国家之间的经济发展水平的差异极大，政治上也很难得到互相认同，所以提出在亚洲建立"亚元区"还为时尚早。目前，硝烟未尽的欧债危机，更是给"亚元"敲响了警钟——一旦"亚元"诞生，"亚元区"是否也将面临债务危机的考验？

3. 以人民币的"区域化"促进"国际化"。

李翀（2002）认为，区域化应是人民币国际化的第一步，中国首先应鼓励周边国家或地区使用人民币。[62]李晓、李俊久、丁一兵（2004）认为，中国可以通过人民币同日元的对称性合作，推进人民币的次区域化进程，使人民币成为亚洲区域性的关键货币之一。[63]目前，人民币已基本上实现了周边化。关于人民币的区域化也正在推进中，待时机成熟后，人民币必将成为亚洲地区的强势主导货币。届时，人民币将真正成为具有深远影响力的国际货币，如同欧元对于欧洲、美元对于美洲一样。当然对这一观点也有其反对声音，认为人民币国际化应直接"国际化"。以赵海宽（2003）为代表的一些学者认为，人民币成为世界货币之一所遇到的阻碍会比成为区域主导货币要少得多。人民币国际化只是在原有多种世界货币之中再增加一种，成为世界货币之一，而原有的世界货币都可以仍然保持世界货币的地位。由于人民币不排斥其他世界货币，所以不会存在太多的货币竞争。[64]这个观点在学术界一直存在很大的争议。

4. 人民币国际化应分为"三步走"。

有的学者认为，人民币国际化在使用范围上应分为"三步走"。谢太峰（2007）认为，推进人民币国际化，必须采取三步走的战略。第一步，使人民币在周边国家的使用范围和使用规模进一步扩大；第二步，使人民币尽快在亚洲范围内实现区域化；第三步，使人民币成为世界范围内普遍使用的计价、支付、结算和储备手段，实现人民币的全球化，成为真正的国际货币。[65]何慧刚（2007）也认为，人民币国际化应遵循"周边化—亚洲化—国际化"的渐进路径。[66]石凯、刘力臻（2012）认为，后危机时期人民币国际化势在必行，但在"美元"本位体制下人民币国际化难以一蹴而就，应以人民币区域化促进人民币国际化。[67]也有的学者认为，是人民币国际化在货币职能上应分"三步走"。巴曙松（2003）认为，人民币履行国际货币职能应逐步推进："第一步"是人民币应在边贸中广泛履行计价和交易媒介职能，待积累到一定规模和信用之后再在一般贸易中履行职能。"第二步"是人民币在国际金融市场上履行借贷和投资货币职能，迈出这一步的基础必须是国际贸易积累到相当的规模，国内金融市场也相当完善，人民币自由兑换即将实现。"第三步"是作为国际储备货币。[68]王元龙（2012）也认为，推进人民币国际化进程，应坚持人民币结算货币、人民币投资货币和人民币储蓄货币的货币职能"三步走"战略。[69]

在国内学者为人民币国际化路径设计的路径之中，比较有影响的是两个"三步走"的国际化路径。但笔者认为，两个"三步走"的国际化路径无疑是正确的，但如果我们对其进行绝对化理解，就容易导致我们陷入一种思维错误。即认为：只有周边化，才能区域化；只有区域化，才能国际化。事实上，这三个步骤是可以同时推进的，甚至还有可能出现这样的局面，即人民币在非洲已经得到了广泛使用，而在亚洲的某些区域还没有推广开来。另外，人民币"三步走"的国际化路径，并不是设计出来就能自然实现的，还需要有相应的配套促进措施加以保证。

### （四）人民币国际化推进措施的研究述评

人民币应如何成为国际货币？郑木清（1995）认为，必须先从了解中国的国情开始，然后根据货币国际化的一般规律，探索出一条最佳的道路来。目前的研究文献对人民币国际化的推进措施研究主要包括以下三个方面。

1. 加强人民币汇率制度建设。

姜波克、张青龙（2005）认为，人民币国际化应分两个阶段，在人民币国际化的第一阶段，人民币汇率应保持相对稳定，促使人民币由非国际货币走向国际货币；在人民币国际化的第二阶段，人民币汇率应实现汇率市场化，推进人民币由国际货币走向国际中心货币。[70]

2. 稳步推进人民币自由兑换。

钟伟（2002）认为中国应将资本项目可兑换进程和国际化进程合二为一。[71]鲁国强（2008）认为，人民币国际化第一阶段目标是，在人民币没有充分自由兑换但已完成基本可兑换的情况下，用经济贸易、投资来实现人民币在周边国家和地区的国际化，继续保持人民币在周边国家和中国香港流通的势头；第二阶段目标是，在人民币自由兑换的前提下，实现人民币在亚洲地区和世界部分国家国际化；第三阶段目标是，实现人民币在全球范围内的国际化。[72]

3. 完善人民币国际化货币职能。

人民币国际化可分为四个阶段（李婧、何帆，2004）：第一阶段，人民币国际化的初级阶段，表现人民币在周边国家的流通；第二阶段，人民币成为境外借贷资产；第三阶段，人民币成为亚洲投资资产；第四阶段，人民币国际化的高级阶段，表现为人民币成为亚洲国家的主要储备资产。

目前，国内学者关于人民币国际化推进措施的研究大多是基于对中国经济和人民币现状进行深入分析后，在借鉴世界主要货币国际化经验教训的基础上提出相关的政策建议，在一定程度上丰富了人民币国际化的研究成果。但局限于人民币国际化路径正处于摸索研究阶段的客观事实，学者们的观点更多的是从人民币国际化的某一特定角度进行探讨和分析，难以提出系统的人民币国际化战略思想。

# 第二章

# 人民币国际化路径考察

## 一、从人民币国际使用范围路径考察

### （一）人民币周边化现状

近年来，随着中国经济实力的不断增强和对外经贸交往的快速发展，加上金融危机和欧债危机后人民币币值仍保持稳定，人民币在中国周边国家和地区正被越来越多的经济体所接受。目前，人民币在越南、老挝、缅甸、朝鲜、蒙古国、俄罗斯、巴基斯坦、尼泊尔等国家作为结算货币和支付货币，被普遍接受。

1. 人民币在周边国家和地区流通的主要渠道。

1993 年 3 月 1 日，中国颁布《中华人民共和国国家货币出入境管理办法》和发布《中国人民银行关于国家货币出入境限额的公告》后，人民币从此能够以合法的渠道走出国门。

人民币流出境外主要有以下渠道：（1）边境贸易，主要包括边境互市、边境经贸合作的进口支付等；（2）境外投资、项目承包等工程所涉及的人民币，具体指国内企业在周边国家进行境外生产投资所流出的人民币，以及国内居民委托境外居民投资资本市场所使用的人民币；（3）境外旅游和探亲消费，目前境外一些国家和地区都允许国内消费者在当地消费时使用人民币支付；（4）地摊银行，随着国内居民在境外的消费能力迅速提升，很多国家设立了地下的人民币汇兑机构，有的甚至通过发放营业执照使其合法化；（5）其他渠道，如国内居民境外赌博、走私、购买毒品支付和境外洗钱等。

相对于人民币流出境外，人民币回流境内的主要渠道包括：（1）入境旅游和探亲消费支付；（2）边境贸易支付；（3）境外居民在中国进行的直接投资和购买资产；（4）通过银行体系的回流，主要是境外居民在中国口岸金融机构的人民币存款和外方银行转存进中国银行的人民币；（5）走私入境。据海关统计，在查获的走私案中，人民币走私占相当大的比例，部分外流的人民币通过走私回流到国内。

2. 人民币在周边国家和地区的流通情况。

随着中国与周边国家、地区的边境贸易和旅游观光业的发展，人民币在境外地区的流通规模、存量都得到了很大的提升。目前接受人民币支付与结算职能的国家和地区有以下几个。

（1）港澳台地区。随着香港和澳门与内地的关系越来越紧密，人民币在香港和澳门地区的流通与使用已经形成了一定的规模。目前，香港和澳门是人民币境外流通最主要和最大的地区。2003年11月在香港开放人民币业务后，人民币在香港的业务迅速发展。截至2012年12月，根据香港金管局2013年1月31日发布的统计数据显示，香港人民币存款已升至6030亿元。2014年更是高达10035亿元。自2007年7月第一支人民币债券在香港发行以来，香港离岸人民币债券发展步伐日渐加快，债券品种也日趋丰富。Dealogic 数据显示，2014 年点心债券①发行金额达到 2052.98 亿元人民币。由于香港是一个国际金融中心，在香港发行人民币债券对于促进人民币业务更好地在其他地区的发展有重要作用。随着两岸经贸往来的不断扩大，台湾地区居民越来越多使用人民币。台湾地区在 2008 年 6 月实现了人民币与新台币的岛内兑换。在实现"大三通"后，人民币在台湾地区的流通与使用得到了进一步增强。

（2）蒙古国。20 世纪末，随着中国和蒙古国双边经贸关系不断发展，以及两国人员相互往来的增加，人民币在蒙古国与当地货币图格里克的兑换活动不断扩大，先是主要集中在个人之间进行，最后逐步发展到可以完全公开兑换。截至 2014 年 12 月末，人民币结算量为 293.87 亿元，人民币结算量占总结算量的86.38%。人民币结算量的增加便利了边境贸易，在促进边境贸易发展的同时，也为中国其他周边省区与邻国开展人民币结算积累了较好的经验，对中蒙两国边境贸易的发展起到一定的推动作用。[73]

（3）俄罗斯。中国与俄罗斯有着广阔的边境线，与俄罗斯远东地区及东西伯利亚地区边境贸易频繁。从历史上来看，中俄贸易结算主要依赖美元作为主要结算货币，从 2002 年中俄两国央行签署边贸银行本币结算协定以来，与俄边贸结算业务发展迅速。自中俄边境贸易开展本币结算业务以来，改变了中俄边贸结算业务使用美元单一币种状况，有效地丰富了企业结算币种选择和银行结算形式。据俄罗斯外贸银行公布的中国业务年报显示：截至 2015 年 12 月 22 日俄罗斯人民币结算额超过 1200 亿元，同

---

① 点心债券（dim sum bonds），即离岸人民币债券（offshore yuan bonds），是指在香港发行的以人民币计价的债券。由于人民币债券在港发行量很小就像点心一样味美但又吃不饱，因而被称为点心债券。

比增加了 250%。人民币互换交易额比 2014 年增长了 11 倍，达到 142 亿美元（约合 920 亿元人民币），人民币信用证交易额也比 2014 年增长了 12 倍。

（4）·朝鲜。目前，中国对朝贸易的实际结算中，相当大比重的贸易结算资金是来自人民币现钞。在民间，人民币在朝鲜已成为主要的保值、增值手段。由于中国宏观经济环境良好，人民币币值长期稳定并呈现上升趋势，而朝鲜经济每况愈下，朝鲜货币贬值速度很快，越来越多的朝鲜居民选择储藏和使用人民币，人民币在朝鲜已成为"硬通货"。

（5）越南。近年来，随着中国—东盟自由贸易区建设步伐的加快，中国—东盟博览会的成功举办以及中越"两廊—圈"的启动，促使中越边贸获得较大发展。在中越边贸中人民币成为主要结算货币。中国和越南在过去的边境贸易结算中多以美元来计价，近年来随着人民币的影响力不断增强，中越边贸中人民币结算比例超过了 90%，人民币基本实现区域性支付职能。

（6）缅甸。自 2010 年 7 月云南省启动跨境贸易人民币结算试点以来，极大地方便了中缅两国的经贸活动。一项调查显示，目前中缅边境小额贸易 95% 以上都是实行人民币结算。人民币在缅甸享有硬通货的地位，几乎代替了缅甸的本国货币在市面上进行流通与支付结算，被称为"小美元"。

（7）老挝。近年来，中国与老挝双方签署了若干合作协议，内容涵盖了贸易、投资、旅游以及运输等。中老两国之间的贸易几乎都是使用人民币进行结算。在老挝的东北地区，人民币已经几乎完全替代了本币流通。

除了上述国家外，人民币在中亚和南亚的巴基斯坦、吉尔吉斯斯坦、哈萨克斯坦等国境内也都有一定规模的流通。可以说，人民币在使用范围上已基本达成周边化的阶段目标。

### （二）人民币亚洲化现状

本书所指的人民币的亚洲化并非人民币在亚洲区域内的货币一体化，而是指人民币在亚洲区域内行使自由兑换、交易、流通、储备等货币职能，成为亚洲区域内的关键货币。目前，人民币周边化已经实现，人民币逐渐开始了其亚洲化的进程。

1. 人民币在东盟区域的流通。

自 2010 年"中国—东盟"自由贸易区建成以来，双方双边贸易增长迅速，2015 年双方之间的贸易额已经达到 4720 亿美元，中国已成为东盟地区的第一大贸易伙伴国，而东盟则为中国的第三大贸易伙伴。

随着中国与东盟双方贸易额不断扩大，人民币在东盟地区跨境贸易结算金额也逐步上升，东盟各国对人民币的需求和使用猛增。2013 年，中国央行已与东盟地区签署的双边货币互换协议总额达到 1.4 万多亿元人民币，进一步推动了中国—东盟企业和金融机构使用人民币进行跨境交易。其中，中国人民银行于 2013 年 3 月 7 日与新加坡金融管理局续签了中国—新加坡双边本币互换协议，互换规模由原来的 1500 亿元人民币扩大至 3000 亿元人民币。2013 年 4 月 2 日，中国人民银行又与中国工商银行新加坡分行签订了《关于人民币业务的清算协议》以及关于新加坡人民币业务的合作备忘录。这一系列举措为新加坡的人民币金融市场的稳定进一步提供了短期流动性支持。新加坡是东盟地区的金融中心，它开展人民币业务将很大程度上提升人民币在东盟地区的接受程度。目前，已有多国央行与中国人民银行续签了货币互换协议，并进一步扩大了货币互换协议的规模。

2013 年以来，人民币国际化在东盟区域的进程逐渐加快。在云南边境的缅甸特区，当地居民已在日常生活中使用人民币；在柬埔寨，当地政府鼓励居民积极持有人民币进行贸易结算；越南官方已经承认人民币在其边境的合法流通性；在越南和老挝地区，人民币几乎可以全境使用，行使着结算货币和计价货币的职能；在大湄公河次区域，人民币已经成为硬通货，人民币可以挂牌买卖，可以直接购物、消费和结算；在新加坡、马来西亚和泰国，人民币开始被越来越多的居民接受和使用，许多商店都可以用人民币购买商品和直接兑换。这些都表明，人民币在东盟国家的使用范围在不断扩大，人民币在东盟地区地位也不断上升，人民币已经成为东盟地区仅次于美元的国际货币。

2. 人民币在亚洲其他国家和地区的流通。

（1）日本。2002 年 3 月，时任央行行长戴相龙就与日本银行总裁在东京签署了中日货币双边货币互换协议。根据协议，央行与日本银行在必要时可向对方提供总额相当于 30 亿美元的货币互换安排。2012 年 3 月，日本宣布将最多购入 650 亿元人民币的中国国债，日本成为第一个购买人民币计价中国国债的发达国家，也标志着人民币开始逐渐被发达经济体所承认。2012 年 6 月 1 日，人民币兑日元开展直接交易；人民币兑日元在上海和东京两地外汇市场开展直接交易，中日货币直兑成功将东京当日交易量扩大了 10 倍至 100 亿日元（约合 1.25 亿美元），也使得东京成为一个新的人民币离岸市场。

（2）韩国。中国是韩国最大出口市场，占韩国出口总额的 1/4，2015 年两国双边贸易额将达到 2273.77 亿美元，其中以人民币或韩元进行结算的贸易金额正逐年上升。韩国政府在全球金融危机爆发后的 2009 年 4 月和中国签订了 1800 亿元人民币（约 38 万亿韩元）规模的货币互换协议。2012 年 12 月，韩国再一次与中国续约货币互换协议并扩大规模至 3600 亿元人民币（约 64 万亿韩元），其目的在于推进在中韩贸易中使用韩元及人民币进行计价和结算。2014 年 12 月，银行间韩元对人民币直接交易在韩国外换银行总行正式启动。标志着韩国将成为继俄罗斯与日本之后，在中国境外第三个进行人民币与本币直接交易的国家。韩国未来也有望成为人民币业务的国际中心之一。

（3）西亚地区。中国是西亚最大的能源消费市场，西亚是中国能源最大的供应方。中国与西亚国家贸易额从 2004 年的 367 亿美元上升到 2014 年的 2512 亿美元。然而，人民币国际化的空间布局在西亚地区却是缺失的。中国人民银行 2015 年 12 月宣布，将人民币合格境外机构投资者试点地区扩大到阿联酋，投资额度为 500 亿元人民币。中国人民银行还与阿联酋中央银行签署了在阿联酋建立人民币清算安排的合作备忘录；双方还续签了双边本币互换协议，互换规模维持"350 亿元人民币/200 亿阿联酋迪拉姆"不变，有效期 3 年，经双方同意可以展期。2015 年 4 月 14 日，西亚地区首个人民币清算中心在卡塔尔首都多哈正式启动。截至 2015 年年末，多哈人民币清算中心资金清算金额已超过 200 亿美元。

### （三）人民币国际化现状

目前，人民币周边化已基本实现，人民币亚洲化的步伐也已经开始，并已获得了一定的成效，很大程度上提高了人民币在世界范围内的影响力。而最近次贷危机和欧债危机的爆发，欧美经济遭到沉重打击，美元等国际货币持续疲软，这为人民币的国际化提供了千载难逢的机遇。

1. 人民币在国际范围内流通的情况。

（1）非洲。2014 年，中非贸易总额再创新高，达到 2220 亿美元，是 2000 年的 21 倍，中国已经连续六年成为非洲的第一大贸易伙伴国。按中非领导人达成的共同愿景，到 2020 年，中非贸易额将达 4000 亿美元。随着中非贸易的发展，中非间的跨境贸易也逐渐开始使用人民币进行结算。2010 年 1 月，中非之间首笔采用人民币结算的跨境贸易在南非实现。此后，赞比亚、肯尼亚、乌干达等多个国家的非洲银行也开始提供跨境贸易人民币结算服务。据环球银行金融电信协会数据，截至 2013 年 1 月，中非贸易中采用人民币结算的非洲国家已达 18 个，而 2010 年仅为 5 个。非洲经济发展研究所许莉表示："中非间贸易使用人民币结算还有巨大的增长空间和发展潜力，用不了多久，在非洲用人民币交易更将成为常态。"2012 年非洲人民币结算量仅为 57 亿美元，只占当年中非贸易额的 3%。而汇丰银行的研究数据预计，到 2020 年，中国将实现 50% 的对外项目使用人民币结算，而在 2014 年这一数字还停留在 20%。[74]

2011 年 9 月 5 日，尼日利亚央行宣布人民币将与美元、欧元和英镑一起成为尼日利亚主要外汇储备货币，并将其外汇储备的 5%～10% 转为人民币储备，成为第一个将人民币作为外汇储备的非洲国家。随后，坦桑尼亚、南非、安哥拉和肯尼亚等国中央银行先后宣布将人民币纳入外汇储备，这标志着人民币在非洲地位正在崛起。相信随着人民币国际化进程的推进，将会有越来越多的非洲国家将人民币作为外汇储备货币之一。

（2）欧洲。人民币在欧洲的国际化主要体现在两个方面：一是签订货币互换协议。2013 年 6 月 22 日，中国人民银行和英国央行签署了人民币与英镑互换协议，这是中国和七国集团（G7）成员国签署的首个货币互换协议。2013 年 10 月 9 日，中国人民银行又与欧洲中央银行签署了规模为 3500 亿元人民币的中欧双边本币互换协议。人民币与英镑、欧元——世界二大国际货币"联手"，标志着人民币正是进驻欧洲主流货币市场，人民币国际化在欧洲迈出了"一大步"。二是欧洲人民币离岸交易中心的建立。英国财政部 2013 年 3 月 26 日发表声明称，中国人民银行和英格兰银行已经达成一致，并于 3 月 31 日签署《人民币清算和结算协议的谅解备忘录》，在伦敦设立一家人民币清算银行。中英两国央行的这次合作标志着人民币国际化在欧洲又迈出了坚实的一步。伦敦也凭借自身国际金融中心的基础,在欧洲人民币离岸中心的争夺中处于优势地位。据 2016 年环球银行间金融通信协会(SWIFT)数据显示,截止到 2016 年 3 月,英国已超越新加坡,成为全球第二大人民币离岸结算中心。2013 年 3 月 28 日,德国央行宣布与中国人民银行同样签署了一份谅解备忘录,促进人民币在法兰克福交易,同时法兰克福也成为欧洲首个人民币支付中心。据巴黎欧洲金融市场协会统计,法国许多大银行已经允许注册使用人民币账户,法国银行中的人民币存款金额已达到 24 亿欧元(折合约 200 亿元人民币)。法国财政部长莫斯科维奇在 2013 年年底的访华行程中,专门提到希望中国可以考虑将巴黎作为欧洲大陆的人民币离岸市场。随后,2014 年 9 月 15 日,中国人民银行正式发布公告授权中国银行巴黎分行为巴黎人民币业务清算银行。

(3)与其他国家和地区签署货币互换协议现状。货币互换(currency swap),也称货币互惠信贷,是各国中央银行之间以短期贷款方式相互供应对方所需外币的一种协议。通过货币互换,将得到的对方货币注入本国金融体系,使得本国商业机构可以借到对方货币,用于支付对方的进口商品。[75]截至 2015 年 5 月末,与中国人民银行签署双边本币互换协议的国家、地区央行及货币当局已达 32 个,互换规模超过 3.1 万亿元人民币,人民币全球跨境结算占比增速远超其他货币。中国与这些国家签署双币互换协议,一方面是为了提供企业融资的便利,满足双边贸易的需求;另一方面作为国际金融手段,如国际储备和发展离岸市场的需要。

2008 年 12 月,央行和韩国签订了 260 亿美元(按当时汇率约合 1800 亿元人民币/38 万亿韩元)货币互换协议,此协议向两个基本面和运行情况良好的经济体的金融体系提供短期流动性支持,并推动双边贸易发展。2009 年分别与中国香港、马来西

亚、白俄罗斯、印度尼西亚和阿根廷签署货币互换协议,为期3
年,总金额达到4700亿元人民币。一方面加强外界对香港金融
稳定的信心,促进地区金融稳定,以及推动两地人民币贸易结算
业务的发展;另一方面加深中国与其他国家或地区的金融合作,
促进贸易和投资。2010年又分别与冰岛和新加坡签署双边货币
互换协议,金额超过1500亿元人民币。2011年,人民币互换协
议的规模也不断扩大,分别与新西兰、乌兹别克斯坦、蒙古国、
哈萨克斯坦、泰国、巴基斯坦签署双边货币互换协议,并与韩
国、中国香港续签原来的双币互换协议,总金额超过8000亿元
人民币。2012年至今,与人民币签署货币互换协议的国家横跨
亚欧美三个大洲,横穿亚太地区,分别与阿联酋、土耳其、澳大
利亚、乌克兰、阿尔巴尼亚、匈牙利、巴西、英国以及欧元区签
署货币互换协议,并与蒙古国和马来西亚续签协议,签署涉及总
金额超过6800亿元人民币(见表2-1)。考虑到欧元、英镑是
全球最为主要的四大货币中的两个,人民币与欧元、英镑的本币
互换也标志着人民币进入国际主要货币体系的进程在加快。

表2-1　　　中国与其他国家或地区签署主要货币互换协议一览

| 时间 | 其他国家或地区 | 金额 | 协议期限 |
|---|---|---|---|
| 2009年1月20日 | 香港金管局 | 2000亿元人民币/2270亿港元 | 有效期3年 |
| 2009年2月8日 | 马来西亚央行 | 800亿元人民币/400亿林吉特 | 有效期3年 |
| 2009年3月11日 | 白俄罗斯央行 | 200亿元人民币/8万亿白俄罗斯卢布 | 有效期3年 |
| 2009年3月23日 | 印度尼西亚央行 | 1000亿元人民币/175万亿印尼卢比 | 有效期3年 |
| 2009年4月2日 | 阿根廷央行 | 700亿元人民币/380亿阿根廷比索 | 有效期3年 |

| 时间 | 其他国家或地区 | 金额 | 协议期限 |
|---|---|---|---|
| 2009 年 4 月 20 日 | 韩国银行 | 1800 亿元人民币/38 万亿韩元 | 有效期 3 年 |
| 2010 年 6 月 9 日 | 冰岛央行 | 35 亿元人民币 | 有效期 3 年 |
| 2010 年 7 月 23 日 | 新加坡金管局 | 1500 亿元人民币/约 300 亿新加坡元 | 有效期 3 年 |
| 2011 年 4 月 18 日 | 新西兰联储 | 250 亿元人民币 | 有效期 3 年 |
| 2011 年 4 月 19 日 | 乌兹别克斯坦央行 | 7 亿元人民币/200 亿哈萨克坚戈 | 有效期 3 年 |
| 2011 年 5 月 6 日 | 蒙古银行 | 50 亿元人民币/1 万亿图格里特 | 有效期 3 年 |
| 2011 年 6 月 13 日 | 哈萨克斯坦国家 | 70 亿元人民币 | 有效期 3 年 |
| 2011 年 10 月 26 日 | 韩国银行 | 扩大至 3600 亿元人民币/64 万亿韩元 | 续签，原协议作废 |
| 2011 年 11 月 22 日 | 香港金管局 | 扩大至 4000 亿元人民币/4900 亿港元 | 续签，原协议作废 |
| 2011 年 12 月 22 日 | 泰国央行 | 700 亿元人民币/3200 亿泰铢 | 有效期 3 年 |
| 2011 年 12 月 23 日 | 巴基斯坦央行 | 100 亿元人民币/1400 亿卢比 | 有效期 3 年 |
| 2012 年 1 月 17 日 | 阿联酋央行 | 350 亿元人民币/200 亿迪拉姆 | 有效期 3 年 |
| 2012 年 2 月 8 日 | 马来西亚央行 | 扩大至 1800 亿元人民币/900 亿林吉特 | 续签，原协议作废 |
| 2012 年 2 月 21 日 | 土耳其央行 | 100 亿元人民币/30 亿土耳其里拉 | 有效期 3 年 |
| 2012 年 3 月 20 日 | 蒙古央行 | 扩大至 100 亿元人民币/2 万亿图格里特 | 续签，原协议作废 |
| 2012 年 3 月 22 日 | 澳洲联储 | 2000 亿元人民币/300 亿澳大利亚元 | 有效期 3 年 |
| 2012 年 6 月 26 日 | 乌克兰国家银行 | 50 亿元人民币/190 亿格里夫纳 | 有效期 3 年 |

| 时间 | 其他国家或地区 | 金额 | 协议期限 |
|---|---|---|---|
| 2013 年 3 月 7 日 | 新加坡金管局 | 3000 亿元人民币 | 有效期 3 年 |
| 2013 年 3 月 26 日 | 巴西央行 | 1900 亿元人民币/600 亿巴西雷亚尔 | 有效期 3 年 |
| 2013 年 6 月 23 日 | 英国央行 | 2000 亿元人民币/200 亿英镑 | 有效期 3 年 |
| 2013 年 9 月 9 日 | 匈牙利央行 | 100 亿元人民币/3750 亿匈牙利福林 | 有效期 3 年 |
| 2013 年 9 月 12 日 | 阿尔巴尼亚银行 | 20 亿元人民币 | 有效期 3 年 |
| 2013 年 9 月 30 日 | 冰岛央行 | 35 亿元人民币/660 亿冰岛克朗 | 续签,原协议作废 |
| 2013 年 10 月 9 日 | 欧洲央行 | 3500 亿元人民币/450 亿欧元 | 有效期 3 年 |
| 2014 年 7 月 21 日 | 瑞士国家银行 | 1500 亿元人民币/210 亿瑞士法郎 | 有效期 3 年 |
| 2014 年 8 月 21 日 | 蒙古银行 | 扩大至 150 亿元人民币/4.5 万亿蒙古图格里克 | 续签,原协议作废 |
| 2014 年 9 月 16 日 | 斯里兰卡央行 | 100 亿元人民币/2250 亿卢比 | 有效期 3 年 |
| 2014 年 10 月 11 日 | 韩国银行 | 3600 亿元人民币/64 万亿韩元 | 续签,原协议作废 |
| 2014 年 10 月 13 日 | 俄罗斯央行 | 1500 亿元人民币/8150 亿卢布 | 有效期 3 年 |
| 2014 年 11 月 3 日 | 卡塔尔央行 | 350 亿元人民币/208 亿里亚尔 | 有效期 3 年 |
| 2014 年 11 月 8 日 | 加拿大央行 | 2000 亿元人民币/300 亿加元 | 有效期 3 年 |
| 2014 年 11 月 22 日 | 香港金管局 | 4000 亿元人民币/5050 亿港元 | 续签,原协议作废 |
| 2014 年 12 月 14 日 | 哈萨克斯坦国家银行 | 扩大至 70 亿元人民币/2000 亿哈萨克坚戈 | 续签,原协议作废 |

续表

| 时间 | 其他国家或地区 | 金额 | 协议期限 |
|---|---|---|---|
| 2014 年 12 月 22 日 | 泰国央行 | 700 亿元人民币/3700 亿泰铢 | 续签，原协议作废 |
| 2014 年 12 月 23 日 | 巴基斯坦央行 | 100 亿元人民币/1400 亿卢比 | 续签，原协议作废 |
| 2015 年 3 月 18 日 | 苏里南央行 | 10 亿元人民币/5.2 亿苏里南元 | 有效期 3 年 |
| 2015 年 3 月 25 日 | 亚美尼亚央行 | 10 亿元人民币/770 亿亚美尼亚元 | 有效期 3 年 |
| 2015 年 4 月 10 日 | 南非储备银行 | 300 亿元人民币/540 亿南非兰特 | 有效期 3 年 |
| 2015 年 10 月 20 日 | 英国央行 | 扩大至 3500 亿元人民币/350 亿英镑 | 续签，原协议作废 |

资料来源：中国人民银行网站。

对于台湾地区，目前中国大陆还没有与台湾地区签署双币互换协议，但是国务院台办发言人范丽青新闻发布会上表示，支持台湾地区发展人民币离岸市场，目前两岸有关方面正就建立货币互换安排开展相关研究。两岸每年贸易额在1600 亿美元以上，大陆累计实际利用台资近 600 亿美元，在大陆的外贸额和吸引外资排名中，台湾地区都位居五六名。在两岸服务贸易协议中，大陆将允许台资金融机构以人民币合格境外机构投资者方式投资大陆资本市场，为台湾地区人民币资金回流大陆开辟了渠道。[76]若两岸签署货币互换协议，将对海峡两岸的经贸发展起重大的促进作用。

# 二、从人民币国际货币职能路径考察

## （一）人民币结算、计价货币职能的考察

1. 人民币跨境贸易结算职能的现状。

（1）跨境贸易人民币结算逐步推进。跨境贸易人民币结算，是指以人民币报关并以人民币作为进出口贸易的结算货币，是人民币国际化的一个重要步骤，也是人民币结算职能的重要体现。开展跨境贸易人民币结算，不仅有利于推进人民币国际化，提高人民币作为结算货币的国际地位，而且也可降低中国对外贸易中进出口企业的交易成本。[77]自 2008 年以来，人民币跨境贸易结算试点的相关工作发展十分迅猛。具体进程如表 2 - 2 所示。

表 2 - 2　　　　　中国跨境贸易人民币结算发展大事记

| 时间 | 内容 |
| --- | --- |
| 2008 年 12 月 24 日 | 国务院提出对广东和长江三角洲地区与港澳地区、广西和云南与东盟的货物贸易进行人民币结算试点 |
| 2009 年 4 月 | 国务院决定在上海市和广东省广州、深圳、珠海、东莞四个城市开展跨境贸易人民币结算试点 |
| 2009 年 6 月 | 中国人民银行行长周小川与香港金融管理局总裁任志刚在香港签署了补充合作备忘录，推进跨境贸易人民币业务 |
| 2009 年 7 月 | 中国人民银行、财政部、商务部、海关总署、税务总局、银监会共同制定的《跨境贸易人民币结算试点管理办法》正式对外公布。当月跨境贸易人民币结算试点在上海正式启动，标志着人民币在国际贸易结算中的地位从计价货币提升至结算货币 |

| 时间 | 内　容 |
|------|--------|
| 2009 年 8 月 | 国家税务总局正式下发通知，明确了跨境贸易人民币结算试点企业的出口退税手续 |
| 2010 年 6 月 | 中国人民银行、财政部、商务部、海关总署、税务总局和银监会联合发布《关于扩大跨境贸易人民币结算试点有关问题的通知》。人民币跨境贸易结算试点地区扩大到北京等 20 个省（自治区、直辖市）；业务范围包括跨境货物贸易、服务贸易和其他经常项目人民币结算；不再限制境外地域，企业可按市场原则选择使用人民币结算 |
| 2010 年 7 月 | 中国人民银行行长周小川与中国银行（香港）有限公司董事长肖钢签署《关于向台湾提供人民币现钞业务的清算协议》，授权中银香港为台湾人民币现钞业务清算行 |
| 2010 年 10 月 | "新疆跨境贸易与投资人民币结算试点"启动，新疆成为中国除跨境贸易人民币结算试点之外首个开展跨境直接投资人民币结算试点的省区 |
| 2010 年 11 月 | 中国人民银行及内地有关部门大幅扩大跨境贸易人民币结算的内地试点企业名单范围，由原来的 365 家大幅增至 67359 家。在当月东亚银行为内地企业在新疆完成首宗以人民币结算的境外直接投资交易 |
| 2010 年 12 月 | 北京等 16 个省参加出口货物贸易人民币结算试点的 67359 家企业可按照《跨境贸易人民币结算试点管理办法》开展出口货物贸易人民币结算试点。享受出口货物退（免）税政策。至 2010 年底，人民币跨境贸易结算试点地区已经扩大到全国 20 个省份，试点企业达到 67724 家，人民币跨境结算额达到 5063 亿元 |
| 2011 年 8 月 | 中国人民银行明确表示，河北、山西等 11 个省的企业可以开展跨境贸易人民币结算。至此，跨境贸易人民币结算境内地域范围扩大至全国 |
| 2012 年 6 月 | 央行等 6 部委联合审核下发了出口货物贸易人民币结算重点监管企业名单。自此，境内所有具有进出口经营资格的企业，均可依法开展出口货物贸易人民币结算业务 |

2012年以来，人民币跨境结算业务正逐渐被非洲国家所接受。虽然2012年人民币结算的贸易量仅占中非贸易量的0.5%，但渣打银行一份报告预计，到2015年采用人民币结算的中非贸易量将达385亿美元，占中非总贸易的10%。[78]

2015年全年跨境贸易人民币结算业务累计为7.23万亿元，较2014年同比增长41%，以人民币进行结算的跨境货物贸易、服务贸易及其他经常项目分别为63911亿元和8432亿元。

（2）国际大宗商品还没有实现人民币计价。目前，中国已成为国际大宗商品市场上的主要交易商，其大宗商品消费量在全球总消费量中的占比已接近两成，但在大宗商品的定价权方面，中国却一直缺失。事实上，随着中国在全球大宗商品市场影响力的不断强化和提升，特别是全球性金融危机爆发以来，国际大宗商品市场日趋依赖中国的进口需求，可以说，对大宗商品以人民币计价，中国已具备一定的基础条件。

首先，中国是最大的煤炭、铁矿石、大豆等大宗商品进口国。2015年，中国煤炭进口量达到2.04亿吨，同比减少8700万吨，但中国仍然是世界最大的煤炭能源消费国，约占全球煤炭贸易总量的1/4。铁矿石进口量达9.5亿吨，大豆进口量更是创纪录的达到了8169万吨，铁矿石和大豆进口在全球贸易总量中占比均超过了60%。2015年中国原油进口量进一步增长，同比增长8.8%，达到3.34亿吨，坐稳全球最大的原油进口国。中国作为当今世界仅次于美国的第二大经济体，庞大的经济总量以及巨大的进口需求使中国大宗商品交易市场有条件成为世界性商品价格形成中心。

其次，中国大宗商品交易市场已形成一定数量和规模。虽然中国大宗商品交易市场起步较晚，但部分期货品种的价格已开始成为国际性的价格。以有色金属产品为例，上海期货交易所对铜和铝的价格都具有一定的定价权，对LME产生相当的牵引力；

中国橡胶品价格不仅被国内厂商作为定价标准，也已成为东南亚橡胶生产企业定价的基础。2013 年 9 月 30 日，上海自贸区的挂牌成立也为国内大宗商品金融化和国际化提供了契机，原油期货等与国际接轨的大宗商品交易产品将在不远的未来陆续推出。

最后，人民币要想成为国际大宗商品的计价货币，就必须具备一定的基础条件，即在全球市场具备较高的流动性与可接受性。近年来，随着人民币国际化进程的加快，人民币国际化水平不断提高，人民币在国际市场上的可接受程度也日益增强。与此同时，次贷金融危机爆发以来，美国实行量化宽松政策，导致美元全球流动性泛滥，美元作为国际大宗商品市场的主要计价货币的地位已经有所动摇，部分国际大宗商品已开始对人民币定价进行尝试。2012 年 5 月 8 日，英国《金融时报》和路透社就曾报道，伊朗等部分中东国家已开始接受"供应给中国的原油部分以人民币支付"。

值得注意的是，虽然人民币作为国际大宗商品计价货币的基础条件已日渐成熟，但要在当前激烈的全球竞争中赢得定价权，尚面临诸多问题亟待解决。

3. 人民币国际金融计价职能的考察。

（1）人民币境外信贷市场急需发展。人民币境外信贷市场由三个部分组成：一是境内金融机构人民币境外贷款；二是离岸市场人民币贷款；三是跨国公司内部的人民币贷款。

2011 年 11 月出台的《中国人民银行关于境内银行业金融机构境外项目人民币贷款的指导意见》，允许具备国际结算业务能力、具有对外贷款经验的银行向境内机构在"走出去"过程中开展的各类境外投资和其他合作项目开展境外项目人民币贷款业务。"境外项目"包括但不限于境外直接投资、对外承包工程以及出口买方信贷等。这一鼓励政策刺激了金融机构的境外贷款业务发展，2015 年境内金融机构人民币境外贷款余额达 3153.47

亿元。另外，2012 年 7 月，国务院通过深圳前海金融改革创新先行先试政策，允许前海进行人民币跨境双向贷款业务，即设立前海的银行机构可以发放境外项目人民币贷款，在 CEPA① 框架下，香港银行机构也可以对设立在前海的企业或项目发放人民币贷款。前海地区进行人民币的跨境双向贷款，无疑构筑了一条香港人民币资金的回流渠道，对巩固香港人民币离岸金融中心地位大有裨益。

离岸市场人民币境外贷款业务主要集中在香港。根据香港金融管理局的统计数据，2015 年 11 月底，香港人民币存款及存款证余额分别为 8642 亿元和 1023 亿元人民币，两者合计为 9665 亿元人民币。香港人民币贷款余额 2976 亿元，比 2014 年增加 58%，人民币银行贷款规模快速增长。

2012 年 10 月，上海开始试点跨国公司地区总部跨境使用人民币新政，在额度允许范围内，跨国企业中国总部可以与境外母公司（或关联公司）直接签订贷款协议并约定贷款利率，完成企业自有人民币资金跨境贷款。2012 年 11 月，渣打银行帮助美国的跨国公司向中国人民银行上海总部申请 33 亿元人民币跨境贷款额度，用于支持该跨国公司中国区总部向其境外关联公司提供人民币单笔跨境贷款。此后，一些跨国公司开始加入跨境人民币贷款行列。

尽管人民币境外贷款业务发展迅速，但是，人民币境外贷款的规模远远不能满足企业"走出去"的要求。2015 年境外人民币贷款额不足境内人民币贷款额的 3%。根据国际清算银行的测算，美元、欧元、日元和英镑的境外贷款额占其境内贷款额的

---

① EPA（Closer Economic Partnership Arrangement），即《关于建立更紧密经贸关系的安排》。2003 年 6 月 29 日内地与香港签署了《内地与香港关于建立更紧密经贸关系的安排》。

20%~40%。人民币境外贷款市场需要大力拓展，有巨大的发展空间。

（2）人民币在外汇市场上的成交量显著提升。2013年9月5日，国际清算银行发布了《全球外汇市场成交量调查报告》，报告指出，人民币在主要新兴市场货币中表现抢眼，已进入全球外汇市场十大交易货币，排名由2010年的第十七位，跃升至2013年的第九位。2010~2013年，人民币在全球外汇交易中的成交量，从日均成交量340亿美元飙升到1200亿美元，占全球外汇交易量的份额也由0.9%提升到2.2%。具体见表2-3。

表2-3　　　2013年全球外汇市场货币交易量排名

| 排名 | 货币 | 符号 | 日交易量占比（%） |
|---|---|---|---|
| 1 | 美元 | USD（$） | 87.0 |
| 2 | 欧元 | EUR（€） | 33.4 |
| 3 | 日元 | JPY（¥） | 23.0 |
| 4 | 英镑 | GBP（£） | 11.8 |
| 5 | 澳大利亚元 | AUD（$） | 8.6 |
| 6 | 瑞士法郎 | CHF（SFr） | 5.2 |
| 7 | 加拿大元 | CAD（$） | 4.6 |
| 8 | 墨西哥元 | MXN（$） | 2.5 |
| 9 | 人民币元 | CNY（¥） | 2.2 |
| 10 | 新西兰元 | NZD（$） | 2.0 |

续表

| 排名 | 货币 | 符号 | 日交易量占比（%） |
|---|---|---|---|
| 11 | 瑞典克朗 | SEK（Kr） | 1.8 |
| 12 | 俄罗斯卢币 | RUB（₽） | 1.6 |
| 13 | 港元 | HKD（$） | 1.4 |
| 14 | 新加坡元 | SGD（$） | 1.4 |
| 15 | 土耳其里拉 | TRY（₺） | 1.3 |
| 其他 | | | 12.2 |
| 合计 | | | 200 |

资料来源：国际清算银行2013年9月5日发布的全球外汇市场成交量调查报告。

但如果按货币所在国GDP占全球GDP比重来衡量（世界银行数据），2013年中国GDP已经占到全球GDP总量的11.75%，仅次于美国的22.40%，居世界第二位，但美元在货币交易量中的占比高达87%，而人民币仅占2.2%。再比如瑞士，其GDP仅占全球的0.9%，其货币交易量却远高于人民币的份额，占到5.2%。由此可见，人民币在全球外汇市场的成交量仍需继续提高。

### （二）人民币投资货币职能的考察

1. 人民币跨境直接投资的发展现状。

（1）人民币境外直接投资（ODI）。在2011年中国人民银行颁布《境外直接投资人民币结算试点管理办法》的推动下，2012年以来，中国企业掀起了人民币境外直接投资的浪潮。跨境投资人民币结算呈现出较快的增长势头。2013年，以人民币结算的对外直接投资累计为 856 亿元，较 2012 年的 292 亿元同比增 193%；2014 年，对外直接投资（ODI）人民币结算金额更是达到了 1865.6 亿元。其中，中国周边国家和地区对人民币直接投资态度比较积极。印度尼西亚中央银行和巴基斯坦的国家银行与中国展开了人民币债券投资合作。中国商务部 2016 年 2 月 3 日发布数据显示，2015 年，中国境内投资者共对全球 155 个国家和地区的 6532 家境外企业进行了直接投资，累计实现非金融类直接投资 7350.8 亿元人民币（约折 1180.2 亿美元），同比增长 6.1%。截至 12 月底，中国累计对外非金融类直接投资 5.4 万亿元人民币（约折 8630.4 亿美元）。

（2）人民币外商直接投资（FDI）。在全球经济不景气、国内经济增速减缓的背景下，中国利用外资的总体量呈现下降趋势，2012 年中国实际使用外商直接投资（FDI）金额 1117.16 亿美元，比 2011 年下降了 3.7%。但是，人民币使用却更加广泛，在绝对数量与所占比例上，较 2011 年均有明显的上升。按照 2012 年 12 月 31 日汇率折算，人民币外商直接投资 2535.8 亿元，占外商直接投资总额的 36%（见表 2－4），而 2011 年人民币外商直接投资 907.2 亿元，占外商直接投资总额的 12%。2012 年人民币外商直接投资额倍增，体现了外国投资者对中国经济增长、人民币升值前景的乐观预期。2013 年，中国实际使用外商直接投资（FDI）累计金额持续上升，达到 4481 亿元人民币，按年大幅增长 78.5%。2014 年，外商来华直接投资（FDI）人民币结算金额为 8620.2 亿元，同比增长 92.4%。截至 2014 年年末，FDI 人民币结算金额已累计达到 16886.5 亿元。市场对中国经济增长的信心日益增强，人民币具有较强的长期升值预期，越来越多的外商选择使用人民币进行对华直接投资。

表 2 - 4                  2012 年人民币在国际投资中占比

| 直接投资 | 美元 | 人民币结算 | 人民币结算占比（%） | 人民币投资全球占比（%） |
|---|---|---|---|---|
| 外商直接投资额 | 1117.16 亿美元 | 2538.8 亿人民币 | 36 | |
| 对外直接投资额 | 772.20 亿美元 | 304.4 亿元人民币 | 6 | |
| 合计 | 1889.36 亿美元 | 2840.2 亿元人民币 | 24 | 2.18 |

资料来源：2013 年人民币国际化报告。

2. 人民币证券投资的发展现状。

（1）国际债券和票据市场。人民币国际债券和票据发行量在经历了 2010 年初至 2011 年中期的迅速增长后有所回落，虽然人民币国际债券和票据的发行规模波动较大，但从人民币国际债券和票据的存量上看，从 2010 年第 4 季度开始，该数值处于稳步上升的趋势中。人民币国际债券的发行主体也开始从香港向全球不断扩张，除了日本政府发行人民币国际债券外，其他发达国家政府也加入了发行人民币国际债券的行列。

2014 年，人民币国际债券和票据发行量达 473.2 亿美元，同比增长 104%（见表 2 - 5）。然而，人民币国际债券和票据在全球债券市场的份额还比较小，仅占国际债券和票据发行量的 1.88%。截至 2014 年底，人民币国际债券和票据余额 940 亿美元，全球占比仅为 0.4%。在国际债券和票据市场上，人民币与目前主流国际货币仍然有一定差距。截至 2014 年底，在全球国际债券和票据余额中，美元占 40.36%，欧元占 41.48%，英镑占 9.26%，日元占 2%。总体上看，人民币国际债券和票据规模占全球的份额微小，与主要国际货币相比存在巨大的差距。

表 2 - 5　　2014 年人民币国际债券和票据存量与发行量占比

| 币　　种 | 存量全球占比（%） |
| --- | --- |
| 美元 | 40.36 |
| 欧元 | 41.48 |
| 日元 | 2.00 |
| 英镑 | 9.26 |
| 人民币 | 0.40 |

资料来源：人民币国际化报告（2015）。

　　离岸市场是人民币国际债券发行的主要场所。2014 年全球多个国际金融中心开展了离岸人民币业务，离岸人民币存款规模迅速扩大，为人民币国际债券的发行创造了良好的条件。除香港地区外，新加坡、伦敦、台湾、首尔、法兰克福等地区的人民币离岸市场参与主体、产品更加多元化，市场规模明显扩大。香港地区仍然是最大的人民币离岸市场，2014 年香港地区的人民币债券存量达 3860.87 亿元，同比增幅为 33%（见表 2 - 6）。其中变化最明显的是金融债存量，由 2013 年的 491.27 亿元增加到 2014 年的 1112.27 亿元，市场份额提升了 10 个百分点。

表 2 - 6　　　2014 年香港地区人民币债券产品规模与结构

| 类别 | 存量总额（亿元） | 占比（%） | 债券数目 | 占比（%） |
| --- | --- | --- | --- | --- |
| 企业债 | 1820.50 | 47.15 | 161 | 48.79 |
| 金融债 | 1112.27 | 28.81 | 129 | 39.09 |
| 可转债 | 123.10 | 3.19 | 29 | 3.33 |
| 国债 | 805.00 | 20.85 | 11 | 8.79 |
| 合计 | 3860.87 | 100 | 330 | 100 |

资料来源：Wind 资讯。

　　（2）股票市场。近几年，中国 IPO 市场一直占据全球首位，

2015 年 A 股市场已有 2827 家上市公司，A 股市值总额创出新高，达到 52.96 万亿元人民币，总市值位居全球第二位。截至 2015 年 12 月 31 日 15 时，上证指数收于 3539.18 点，深成指收于 12664.89 点，创业板指数收于 2714.05 点。综观全年，上证指数全年涨幅达到 9.41%，深成指全年涨幅为 14.97%，创业板指数则全年涨幅高达 84.4%。沪市全年累计成交 133.1 万亿元人民币，日均成交 5454.9 亿元人民币，同比增长 254.3%。深市全年累计成交 122.5 万亿元人民币，日均成交为 5020.3 亿元人民币，同比增长 235.4%。

人民币计价股票市场取得重大进展。2012 年 6 月 29 日，香港证监会批准华夏沪深 300 – R 在香港联合交易所上市，这是全球首只人民币合格境外机构投资者（RQFII）A 股 ETF。此后，另外 3 家基金管理公司易方达、南方东英、嘉实明展也先后推出了 3 只 RQFII 的 A 股 ETF，并且这 4 只 A 股 ETF 均已形成双柜台交易。2012 年 10 月 29 日，首个发行人民币债券和公路基建有限公司发行的人民币新股在香港交易所上市，成为全球首只以人民币和港元计价及买卖的"双币双股"股份。① 2012 年 12 月 27 日，法国巴黎银行发行的全球首只人民币计价权证产品在香港地区成功挂牌，为人民币计价股票衍生产品翻开了新篇章。2015 年 11 月 19 日，中欧国际交易所股份有限公司在德国法兰克福开业，正式运作当日率先推出欧洲首只以人民币计价的 A 股交易所买卖基金（"ETF"）。该 ETF 产品填补了欧洲股权类人民币基金市场的空白。中国资本市场对外开放的脚步和人民币国际化进程进一步加快。

（3）外商投资人民币国内金融资产刚刚起步。境外投资者

---

① "双币双股"指同一只股票，但可以同时使用两种币值、以两个股票号码做交易。合和公路基建是分别用港币和人民币两种货币标价。

对人民币金融资产的持有量也是反映人民币国际化程度的一个重要指标。在资本项目尚未完全开放的环境下，QFII（合格境外机构投资者）成为外国投资者进入中国资本市场的过渡性制度安排。这种制度要求进入中国资本市场的外国投资者必须符合一定的条件，得到有关部门的审批通过后，汇入一定额度的外汇资金，并转换为人民币，通过严格监管的专门账户投资于中国金融市场。截至 2015 年 3 月，国家外汇管理局累计批准 QFII 共计279 家，累计批准额度为 810.98 亿美元。

为进一步增加人民币资金回流渠道、鼓励香港地区中资证券经营机构拓宽业务渠道，人民币合格境外机构投资者（RQFII）业务作为又一个资本市场开放的试点制度应运而生。RQFII 试点业务借鉴了 QFII 制度的经验，但又有几点变化：一是募集的投资资金是人民币而不是外汇；二是 RQFII 机构限定为境内基金管理公司和证券公司的香港子公司；三是投资的范围由交易所市场的人民币金融工具扩展到银行间债券市场；四是在完善统计监测的前提下，尽可能地简化和便利对 RQFII 的投资额度及跨境资金收支管理。RQFII 制度的实施，有利于促进跨境人民币业务的开展，拓宽境外人民币持有人的投资渠道，直接推动香港离岸人民币市场的发展。截至 2015 年 3 月，RQFII 累计批准基金系 137家，共计 5017.68 亿元人民币。

为了增强了人民币对金融产品的定价权，以及为中国资本账户开放创造了有利条件，2014 年 11 月 17 日沪港通正式开始交易。据香港交易所数据显示，2014 年 11 月沪股通成交额为465.89 亿元人民币，港股通成交额为 76 亿港元；12 月沪股通成交额为 1209.22 亿元人民币，港股通成交额为 184.11 亿港元。人民币金融资产正逐步成为全球私人和公共投资者投资组合的一个理想选择。

### （三）人民币储备货币职能的考察

自全球金融危机以来，一直便存在着人民币应加入 SDR 的呼声。2015 年 12 月 1 日，IMF（国际货币基金组织）正式宣布，人民币将于 2016 年 10 月 1 日作为除英镑、欧元、日元和美元之外的第五种货币被纳入特别提款权（SDR）货币篮子。进入 SDR 无疑是一个人民币国际化的里程碑，它意味着人民币已成为全世界国家可选择的主要储备货币之一。但人民币想要成为全世界的主要储备货币，仍要有很长的路要走。英国《金融时报》评论称："人民币加入 SDR 并不能保证储备资产管理者会用它来保护自身资产，储备地位还需要继续争取。"

国际货币基金组织目前将官方外汇储备分为"可划分币种"（allocated reserves）和"不可划分币种"（unallocated reserves）两个部分。截至 2014 年底，在可划分币种的外汇储备中，美元仍然是最主要的储备货币，全球美元储备 3.83 万亿美元，占 62.88%；欧元储备 1.35 万亿美元，占 22.21%；英镑储备 0.23 万亿美元，占 3.8%；日元储备 0.24 万亿美元，占 3.96%；瑞士法郎储备 171.83 亿美元，占 0.28%；加元储备 0.12 万亿美元，占 1.91%，澳元储备 0.11 万亿美元，占 1.81%（见表 2 - 7）。国际储备多元化趋势明显，美元储备所占份额强势上升，欧元储备所占份额则显著下降，加元和澳元在各国官方储备中的累计份额超过了 1%，成为 IMF 新增的列入统计的储备货币。

**表 2 - 7　　　2014 年全球官方外汇储备的币种分布结构**　　　　单位:%

| 项　　目 | 2013 年 | | | | 2014 年 | | | |
|---|---|---|---|---|---|---|---|---|
| | Q1 | Q2 | Q3 | Q4 | Q1 | Q2 | Q3 | Q4 |
| 全球外汇储备 | 100 | 100 | 100 | 100 | 100 | 100 | 100 | 100 |
| 可划分币种的外汇储备 | 54.88 | 54.61 | 54.12 | 53.30 | 52.69 | 52.65 | 52.56 | 52.45 |

续表

| 项　　目 | 2013 年 | | | | 2014 年 | | | |
|---|---|---|---|---|---|---|---|---|
| | Q1 | Q2 | Q3 | Q4 | Q1 | Q2 | Q3 | Q4 |
| 美元 | 61.83 | 61.83 | 61.42 | 61.04 | 60.80 | 60.73 | 62.37 | 62.88 |
| 欧元 | 23.54 | 23.85 | 24.12 | 24.38 | 24.33 | 24.09 | 22.60 | 22.21 |
| 日元 | 3.88 | 3.84 | 3.80 | 3.82 | 3.93 | 4.03 | 3.96 | 3.96 |
| 英镑 | 3.87 | 3.82 | 3.92 | 3.98 | 3.86 | 3.88 | 3.85 | 3.80 |
| 瑞士法郎 | 0.26 | 0.26 | 0.26 | 0.27 | 0.26 | 0.27 | 0.27 | 0.28 |
| 加元 | 1.58 | 1.79 | 1.84 | 1.83 | 1.87 | 1.99 | 1.93 | 1.91 |
| 澳元 | 1.66 | 1.69 | 1.68 | 1.81 | 1.89 | 1.92 | 1.88 | 1.81 |
| 其他币种 | 3.38 | 2.93 | 2.97 | 2.86 | 3.05 | 3.10 | 3.14 | 3.14 |
| 不可划分币种的外汇储备 | 45.12 | 45.39 | 45.88 | 46.70 | 47.31 | 47.35 | 47.44 | 47.55 |
| 发达经济体 | 33.24 | 33.08 | 33.02 | 32.73 | 32.74 | 32.74 | 32.70 | 33.24 |
| 新兴经济体和发展中国家 | 66.76 | 66.92 | 66.98 | 67.27 | 67.26 | 67.26 | 67.30 | 66.76 |

注：（1）可划分币种的外汇储备来自 COFER 数据库；各币种的外汇储备结构是相应币种的外汇储备额与"可划分币种的外汇储备"的比值，该算法与 IMF 一致。（2）不可划分币种的外汇储备是外汇储备总额与可划分币种的外汇储备之差。

数据来源：IMF COFER 数据库，IMF《国际金融统计》。

目前，人民币还未进入"划分币种的外汇储备"行列，因此，无法对其进行精准统计。然而，目前亚洲的许多国家，例如，马来西亚、韩国、柬埔寨、菲律宾和拉丁美洲的玻利维亚等国已将人民币作为外汇储备的一部分。中国的近邻日本也宣称要购入中国国债，以使外汇储备多元化。从外汇储备的持有主体看，新兴经济体和发展中国家的外汇储备占全球外汇储备的2/3，如果它们将人民币作为外汇储备，可以显著提高人民币国际化程度。

从以上考察可以得出结论：尽管人民币国际化近年来发展迅速，但一些国际化金融指标全球占比还相当低。正如《人民币国际化报告 2015》中计算的那样，人民币国际化指数（RII）在 2014 年底只有 0.87，而同期美元为 52.34，欧元为 23.60，日元为 4.46，英镑为 3.98。由此可见，人民币国际化目前仍处于初级阶段。

# 第三章

# 主要货币国际化演化路径及启示

在世界货币历史上，曾经出现过这样几种货币：英镑、美元、欧元、日元。时至今日，这几种货币仍然充当着国际货币的作用，但它们货币国际化的路径却各有不同。本章将对此进行历史回顾，希望从中得到一些有益的启示。

## 一、英镑的国际化路径

### （一）英镑国际化的路径考察

1. 英镑国际化路径的历史回顾。

英镑是历史上第一个由国家发行的、却能执行国际货币职能的信用货币。英镑作为国际货币的时期是19世纪70年代至第一次世界大战结束，1860～1913年间，大约60%的世界贸易是以英镑作为计价和结算货币，同时英镑也是重要的国际储备货币，在1899年年末，世界外汇储备中英镑占比为49.63%，近半壁江山。英国成为国际货币其演化路径主要经历了以下三个重要步骤。

（1）建立"日不落帝国"①。1588 年，英国发动海战并击败了西班牙的无敌舰队后，英国开始了其海上霸权之路。英国又于1652 年、1664 年和 1672 年，先后三次与荷兰爆发战争，最终终结了当时世界上最强大的海上霸主——被称为"海上马车夫"的荷兰帝国的海上霸权。随后，英国又与法国进行了长达一个世纪的争夺政治经济优势地位和殖民地的斗争，并于 1763 年将法国击败，最终确立了海上霸主的地位。自此，英国终于依靠战争摆脱了欧洲强国对它的束缚，开始了构建"日不落帝国"的脚步。

维多利亚时代的英国步入了鼎盛时期，1921 年时，大英帝国领土面积大约 3700 万平方公里占世界陆地总面积的24.75%②，英国的殖民地已经遍及亚洲、非洲、美洲、大洋洲所有大陆板块，地球上 24 个时区均有大英帝国的领土，英国也

---

① 日不落帝国一词最早是用来形容 16 世纪时的西班牙帝国的，它来源于西班牙国王卡洛斯一世（亦即神圣罗马帝国皇帝卡尔五世）的一段论述："在朕的领土上，太阳永不落下。"在 19 世纪这一词则被普遍化为大英帝国的别称，特别是在维多利亚时代，那时候英国出版的世界地图把大英帝国用粉红色标出，生动地表现出英国在全球范围内的霸权。

② 曾经是英国殖民的国家共 56 个，地区 2 个，具体如下。

大洋洲 14 个：澳大利亚、新西兰、瓦努阿图、图瓦卢、所罗门群岛、萨摩亚、瑙鲁、圣文森特和格林纳丁斯、圣卢西亚、圣克里斯多福与尼维斯、巴布亚新几内亚、斐济、巴巴多斯、基里巴斯。

非洲 21 个：南非、尼日利亚、喀麦隆、莱索托、博茨瓦纳、加纳、马拉维、坦桑尼亚、津巴布韦、斯威士兰、赞比亚、乌干达、汤加、塞舌尔、毛里求斯、莫桑比克、纳米比亚、塞拉利昂、肯尼亚、冈比亚、埃及。

美洲 8 个：加拿大、伯利兹、圭亚那、特利尼达和多巴哥、牙买加、格林纳达、巴哈马、安提瓜和巴布达。

亚洲 10 个：印度、巴基斯坦、马来西亚、新加坡、孟加拉国、马尔代夫、斯里兰卡、缅甸、文莱、民主也门。

欧洲 3 个：爱尔兰、塞浦路斯、马耳他。

地区 2 个：美国的一部分（指纽约州及周围），中国香港。

成为真正的"日不落帝国"。

"日不落帝国"的建立使英国快速形成了统一的世界市场。英国经济学家杰文斯曾这样描述："北美和俄国的平原是我们的玉米地，加拿大和波罗的海是我们的林区，澳大利亚是我们的牧场，秘鲁是我们的银矿，南非和澳大利亚是我们的金矿，印度和中国是我们的茶叶种植园，东印度群岛是我们的甘蔗、咖啡、香料种植园，美国南部是我们的棉花种植园。"可见，在这一时期，英国通过殖民扩张迅速积累财富，实现了资本的原始积累，也为日后英国工业革命和资本主义的快速发展奠定了基础。

不仅如此，英国还强迫殖民地和附属国使用英镑。1821年，英镑被确定为英国的标准货币单位，英国政府要求其殖民地国家使用100%的英镑准备金，英镑成了当时最主要的国际储备货币，40%以上的国际贸易用英镑结算。另外，英国政府还鼓励使用英镑进行对外投资，在1914年第一次世界大战前夕，英国的海外投资曾高达40亿英镑，占西方国家总投资的1/2。

（2）大英帝国成为"世界工厂"。工业革命于18世纪60年代率先在英国产生，到19世纪中叶在英国率先完成。随着蒸汽机的发明和使用，英国生产力水平迅速提高，快速建立起了强大的工业体系。自此，英国从农业文明走向了工业文明。1760～1820年的110年间，英国的工业生产增长了23倍，国民收入增长了10倍，[79]1820年，英国工业产值已占世界工业总产值的50%，[80]在主要工业产品生产方面处于垄断地位：英国的煤炭产量占世界总产量的51.5%，生铁产量占50%，棉花消费量占49.2%。[81]1860年，英国对外贸易已占世界贸易的40%，几乎相当于当时法、德、美三国的总和。[82]英国凭借其强大的工业体系，确立了它"世界工厂"的地位。

英国工业革命的完成，使英国的生产水平大幅提高，工业制成品极大丰富，国内消费市场根本无法完全消化，加之英国的工业制品在当时世界市场具有明显优势，因此，在这一时期，英国政府开始凭借其自身"世界工厂"的经济地位和"日不落帝国"的殖民统治，努力推动对外贸易，积极寻找和开拓国外市场。英国从世界各地的殖民地半殖民地廉价进口大量原材料，再向世界各国出口工业制品，获取了巨大的贸易利益。1801～1970 年，英国的进出口额分别从 3180 万英镑和 3490 万英镑增加到 25880 万英镑和 19960 万英镑，平均增长了 7 倍多。[83] 当时的一位作家在其作品中曾描述："在美洲的原始森林里，伯明翰的斧子砍倒了古老的树木；在澳大利亚放牛的牧场上，回响着伯明翰的铃铛的声音；在东印度和西印度，人们用伯明翰的锄头照料甘蔗田。"足见英国对外贸易范围之广。与此同时，英镑也随着对外贸易源源不断地输出，成为全世界国际贸易中广泛使用的国际货币，据统计，20 世纪初期，在国际贸易中大多数商品都是以英镑计价的，在国际结算中 90% 的结算都使用英镑。

（3）伦敦成为世界最大的金融中心。1694 年，英国中央银行——英格兰银行成立，并开始发行英镑，英镑正式成为英国的标准货币单位。1816 年，英国通过了《金本位制度法案》，规定每英镑含 7.32238 克纯金，以法律的形式在英国确立了金本位制度①，并于 1821 年正式实施，英国成为世界上第一个实行了金本位制的国家。1844 年，英国通过了《英格兰银行条例》，赋予了英格兰银行垄断发行英镑的权利，并开始对其他银行负起在困难时提供资金支持的责任。由此可见，英格兰银行成为世界上第一个真正意义上的中央银行。

---

① 所谓金本位制，就是以黄金作为本位币的货币制度，在该制度下，各国政府以法律形式规定货币的含金量。这一制度的典型特点就是自由铸造、自由兑换及黄金自由输出和输入：各国之间不同的金铸币按各自含金量形成固定比较，建立比较稳定的国际货币联系，并允许黄金在国际间自由流动。

随后，世界各国也相继采用了金本位制度，这一时期的实际货币流通中，英镑在世界范围内成为黄金的替代物，英镑成为真正的纸质黄金，国际金本位变相地变成了"黄金—英镑"本位。这是因为：一方面，英国通过海外的殖民扩张，英镑已经在英国国内及英国各殖民地间大量流通，英国与殖民地和殖民地之间的贸易也均采用英镑计价、结算；另一方面，英国是当时世界上政治、经济最强大的国家，基于对英国和英镑的信任，各国都愿意持有并使用英镑进行国际结算。这样，英镑以一种主权货币的身份逐渐成为国际货币。当然，各国采用英镑从事国际结算是通过英国的金融市场进行的，资本市场中的信贷工具、国债制度、银行网络都相继在伦敦再现，英国金融市场初步形成。伦敦的资本市场规模也逐渐超越当时最发达的资本市场——阿姆斯特丹，伦敦成为全球最大的金融中心。

2. 对英镑国际化路径的概括总结。

从使用范围路径来看，英国的国际化路径为：

英镑 → 殖民地化 → 国际化

首先，英国凭借其"海上霸王"和"日不落帝国"的地位使英镑迅速在其殖民地流通和使用。其次，英国又依托自身"世界工厂"、"世界贸易垄断者"和"世界金融中心"等经济条件，操纵国际金本位制度，使英镑由主权信用货币代替金币直接成为全球通用的国际货币。

从货币职能路径来看，英镑的国际化路径为：

英镑 → 殖民地储备货币 → 国际贸易计价、结算货币 →

国际金融投资货币 → 国际储备货币

英镑的国际化进程中有四大因素起了至关重要的作用。一是殖民统治。英国强迫殖民地使用英镑，使英镑在其殖民地和附属国间流通，成为当时英镑国际化的一种途径。二是对外贸易。英镑的国际化与国际贸易有着紧密的联系，英镑国际化起始于英国的鼎盛时期，这一时期英国是世界上最大的贸易国家，在第一次世界大战前，国际贸易大都以英镑标价，国际贸易成为英镑走出国门的主要方式。三是资本输出。在英镑国际化期间，英国的资本输出发展迅速。1882～1913 年的 30 年间，英国的对外投资额从不到 1.5 亿英镑增加到 40 亿英镑，大约增加了 27 倍，占世界资本输出总量的 43%，远远超过了欧洲其他国家和美国的对外投资额。英国资本输出将英镑播撒到了全世界，构建成了以英镑为核心的国际资金循环体系。四是金融市场。英镑的国际化地位是通过英国的发达的金融市场来巩固的，具体做法是，伦敦金融中心和英格兰银行通过对以英镑表明面值的票据（汇票）进行贴现，由于国际贸易的计价和结算货币为英镑，因此，英镑汇票也就应用于世界范围内的贸易，而其他国家要想顺利完成国际支付，就必须保有一定量的英镑储备，促进了英镑的国际储备货币职能。

### （二）对人民币国际化路径的启示

1. 必须具备强大的政治经济实力。

英国率先完成了工业革命，成为世界上第一个工业化国家，长期处于"世界工厂"的垄断地位。不仅如此，英国还凭借其雄厚的经济军事实力，在世界各地强占殖民地和半殖民地，抢夺原料产地，发展英国经济，1800～1850 年的半个世纪的时间里，英国的工业产值猛增了 324%，英国成为当时世界的头号政治、经济强国。

2. 必须在世界上具有很高的贸易地位。

1860 年，英国生产了全世界工业产品的 40%～50%，对外贸易占世界贸易的 40%，英国是成为当时国际贸易第一大国，被誉为"世界贸易垄断者"。

3. 必须建立强大的金融市场。

英国是当时世界金融中心，英格兰银行被称为"银行的银行"，发达的金融市场和伦敦金融中心能够为飞速发展的国际贸易提供伦敦汇票业务以及相应的融资支撑。同时，英国银行还在全世界设立分行，1910 年时达到 5500 家以上，[84] 这也保障了英镑的回流机制畅通。但英国通过强大的军事实力，对外发动战争，建立大量的殖民地，然后通过殖民地使用英镑扩大使用范围，这一点对中国已失去了借鉴意义。但通过建立强大的军事力量提高国际地位，却值得我们思考。

# 二、美元的国际化路径

## （一）美元国际化的路径考察

1. 美元国际化路径的历史回顾。

美国成功地利用了两次世界大战的契机，凭借自身强大的经济实力、发达的金融市场、广泛的贸易网络以及国际制度的合理安排等多种有利因素，成功地将美元国际化。诚然，美元国际化的契机已经不可能在人民币国际化进程中重现，但回顾美元国际化的路径，却能为我们揭示一国货币成为国际主导货币的经济基础和先决条件。美元的国际化演化路径主要包括以下两个步骤。

（1）通过两次世界大战为本国经济打下坚实基础。1914 年，第一次世界大战爆发，欧洲成为第一次世界大战的主战场，欧洲各国相继卷入战争。欧洲对军事物资的大量需求以及由于战争所引起的其自身市场竞争力的削弱，给美国的经济增长提供了绝好的机遇。因此，美国也成了第一次世界大战时期的暴发户。第一次世界大战期间，美国的工业生产激增，特别是重工业增长尤为突出，美国钢产量由 126 万吨增长到 4280 万吨，占世界钢产总量的 59%；生铁产量由 389 万吨增长到 3751 万吨，占世界总产量的 58.6%。美国的对外贸易大幅增长，出口增长 2 倍多，顺差累计达 116 亿美元。1914～1919 年，美国的资本输出高达 132 亿美元，借给协约国的战争债约 100 亿美元[85]，美国也从战前的债务国一举变成为战后资本主义世界的头号债权国。美国也就是在这个时期，在经济实力上完成了对英国的赶超。尽管如此，欧洲仍是资本主义的中心，美国在资本主义世界的地位还是弱于英国。

第一次世界大战之后，世界各国迫切需要国际货币体系的安全和稳定，但英国的实力已经衰落。此时，美国则与拉美国家组成了"美元集团"，美元开始取得了与英镑相同的国际货币地位。美元国际地位的提升，更进一步促进了美国经济的增长和产业升级。1929 年，美国公用和企业用电量已由第一次世界大战前的 59 亿千瓦时增加到 1167 亿千瓦时，石油产量也猛增到 10 亿桶，电力和石油已经成为当时美国的主要能源。[86]此时的美国已成为当之无愧的世界第一工业强国，其工业总产值超过了英国、法国、德国和日本四国之和，占世界总产值的 1/2 以上。美国第一工业强国的地位，又进一步巩固了美元主要国际货币的国际地位。

第二次世界大战爆发后，欧洲再一次成为主战场，欧洲各国经济因战争饱受创伤，美国却又一次利用了战争这一绝佳的历史机遇，大发横财。1940～1945 年美国经济实现了惊人的 75% 的增长。同时，美国国际投资国的地位也在第二次世界大战中得到进一步增强，据统计，1941～1946 年，美国共对外提供了约 380 亿美元信贷，这一数字比第一次世界大战期间贷款总数的 3 倍还多。

经过两次世界大战，英国经济遭受重创，昔日资本主义头号帝国的地位已然不再。据统计，1945 年，英国的民用消费品生产只达到 1939 年水平的 1/2，出口额不到战前水平的 1/3，对外债务高达 120 亿美元，由战前的净债权国变为净债务国，黄金储备几乎枯竭。而反观美国，在第二次世界大战结束时，其国内生产总值已超过世界总产值的 1/2，进出口贸易额占世界贸易份额的 1/3 以上，黄金储备更是从 1928 年的 145.1 亿美元增加到 1945 年的 200.8 亿美元，高达资本主义世界黄金储备的 75%。[87] 第二次世界大战结束后，美国成为资本主义世界的主导。

（2）通过制度安排确立美元国际货币地位。第二次世界大战以后，国际经济秩序一片混乱，建立新的国际经济金融新秩序迫在眉睫。美国凭借其世界第一政治强国与经济强国的地位，主导了战后国际货币体系的重构。1944 年，美国召集 44 个国家的代表在美国新罕布什尔州的布雷顿森林召开国际会议，讨论国际金融和货币体系的重建。这次会议上成立了国际货币基金以及复兴和开发银行（世界银行的前身），并确立了国际货币史上第一个带有正式约束性的国际货币制度——布雷顿森林体系。布雷顿森林体系规定，美元与黄金挂钩，其他国家的货币与美元挂钩。通过这种"双挂钩"，实际上是将美元置于了与黄金等同的地位，也标志着美元正式获得了国际货币的地位。

经历了第二次世界大战洗礼后的各资本主义国家元气大伤，各国经济百废待兴，急需大量的资金，美国又通过"马歇尔计划"① 和"道奇计划"②，向西欧和日本提供了大量的美元流动性（如表 3-1），从而巩固了强势美元的国际货币地位。

---

① 马歇尔计划（The Marshall Plan），官方名称为欧洲复兴计划（European Recovery Program），是第二次世界大战后美国对被战争破坏的西欧各国进行经济援助、协助重建的计划。该计划于 1947 年 7 月正式启动，并持续了 4 年之久。

② 道奇计划（The Dodge line）为时任底特律银行总裁约瑟夫·道奇根据美国政府稳定日本经济的要求制定的实施办法，被称为"马歇尔计划"在日本的翻版。

表 3 - 1　　　　　第二次世界大战及战后美国的对外援助　　　单位：亿美元

| 项目 | 1941 ~ 1945 年 | 1946 年 | 1947 年 | 1948 年 | 1949 年 | 1950 年 | 1951 年 | 合计 |
|------|------|------|------|------|------|------|------|------|
| 对外援助 | 481. 28 | 38. 61 | 23. 48 | 28. 30 | 54. 23 | 46. 91 | 44. 47 | 717. 28 |
| 对外借款 | 10. 96 | 23. 26 | 39. 21 | 26. 43 | 11. 23 | 4. 20 | 4. 19 | 119. 58 |
| 小计 | 492. 24 | 61. 87 | 62. 69 | 54. 73 | 65. 46 | 51. 11 | 48. 66 | 836. 86 |

资料来源：宫崎犀一等编. 近代国际经济要览 [M]. 东京：日本东京大学出版社，1981.

2. 对美元国际化路径的概括总结。

从使用范围路径来看，美元国际化演化路径为：

美元 → 国际化

即美元没有周边化、区域化的过程。美元路径，是以强大的经济实力做后盾，借助在布雷顿森林会议上实现国际货币体系的制度变迁，使美元直接成为唯一的国际计价单位和与黄金挂钩的国际储备货币。

从货币职能路径来看，美元国际化演化路径为：

美元 → 国际计价、结算货币 → 国际投资货币

→ 国际储备货币

布雷顿森林会议之后，美国在促进美元正常行使其国际货币职能方面，做出了以下努力：第一，美国通过关税及贸易总协定（GATT），大幅度削减各国间关税及消除其他贸易障碍，凭借其国内旺盛的生产能力和美元在国际货币体系中的霸权地位，大量输出美国商品，抢占国际市场，实现长期贸易顺差，巩固了美元在世界其他各国之间贸易往来的主要计价、支付货币职能。第二，美国将美元的国际化战略中心放在促进美元的投资货币职能上。一方面，加快美国在岸美元市场建设。美国建设拥有世界上

最为发达和先进的证券市场，拥有世界上规模最大的证券交易所——纳斯达克和纽约证券交易所。多年来，美国股票市值占世界股市总市值的比重一直高居榜首。债券方面，美国的债券总发行额也一直高于世界其他主要经济体。美国还拥有全球规模最大的金融衍生品市场，芝加哥商业交易所（CME）和芝加哥商品交易所（CBOT）（2006 年合并成立的新的芝加哥商业交易所（CME））。另一方面，促进欧洲离岸美元市场形成。20 世纪 50年代，美国通过"马歇尔计划"为欧洲的重建提供了大量借款，其借贷资金占当时全球借贷市场资金总额的 78.4%，这最终促成了欧洲离岸美元市场形成。随着美元国际计价、结算职能和国际投资职能的完善，美元的国际储备职能也得到了提高。虽然1944 年的《布雷顿森林协定》规定了美元国际储备货币的地位，但在其实行之后，英镑仍在国际货币储备体系中占有较大比重。直到 20 世纪 50 年代时，美元才真正取代了英镑在国际储备体系中的地位。1949 年，全球主要的 35 个经济体中央银行持有的外汇储备中，英镑的储备份额占到 57%，而美元只有 27%；1957年时，英镑下降到 36%，美元比重超过英镑，达到 49%；到了1970 年，美元已占上述 35 个经济体中央银行外汇储备的 70% 以上，英镑此时仅有 10%。

**（二）对人民币国际化路径的启示**

1. 强大的经济实力是货币国际化的基础。

从美元的崛起来看，国际货币的核心竞争力是货币发行国的综合国力所提供的，强大的国家就会有强大的货币。现今美元在国际货币体系中的特殊地位正是美国在国际经济中重要性的一种体现。从这个角度来看，人民币已经具备实现国际化的经济基础。国际货币基金组织（IMF）于 2016 年 4 月 12 日发布了《世界经济展望》，数据显示，2015 年全球生产总值为 77.3 万亿美元，美国依然领先于其他国家，GDP 达到 17.9 万亿美元，占全球 GDP 的 1/4。中国达到 10.98 万亿美元，约占全球 GDP 总量的 14%，成为世界第二大经济强国。2015 年中国进出口总额达到 24.59 万亿美元，再一次成为世界贸易第一大国。外汇储备已达到 3.33 万亿美元，位列世界第一，是排名第二位的日本（1.2万亿美元）的近 3 倍，是排名第三的沙特（6000 多亿美元）的约 5 倍。

2. 发达的金融市场是货币国际化的支撑。

如果说美元在 20 世纪上半叶的辉煌应归功于美国超级大国地位和布雷顿森林体系的制度安排，那么 20 世纪下半叶的美元在国际货币体系中独占鳌头的地位则更多地归功于美国发达的金融市场。美国拥有最自由最发达的金融市场和世界金融中心——纽约，能够为全世界的美元持有者提供最具流动性和安全性的投资平台。而不完善的金融市场恰恰是人民币国际化进程中的最大障碍。要想实现人民币的国际化必须建立发达的金融市场体系，扩大人民币在国际金融市场影响的深度和广度，使得人民币资产可以在资本市场上通过投资人民币产品来达到保值、增值的目的。

3. 美元路径无法效仿。

美元的国际化路径十分独特，它利用了世界战争这一特殊环境与条件。由于两次世界大战的战场都没有涉及美国本土，使得美国经济在这一期间实力迅速增长。两次大战以后，美国已拥有绝对的经济实力，其在国际社会的政治影响力更是无人能及，美国成为世界超级大国。美国从国家利益出发，凭借其超强的国际影响力，通过在布雷顿森林召开国际会议，建立起了以美元为中心的国际货币体系，将美元与黄金挂钩。在布雷顿森林体系的支撑下，美元的世界货币霸主地位逐步确立起来。尽管后来美元先后受到布雷顿森林体系解体、美元与黄金脱钩、石油危机以及美国次贷危机的冲击，但美元在国际货币体系中的霸主地位从未受到根本动摇。由此可见，美元的国际化是特殊时代背景的产物，是通过特殊的历史机遇和国际制度的安排来实现其货币国际化的路径，是当今其他任何国家货币都无法效仿的。

# 三、欧元的国际化路径

## （一）欧元国际化的路径考察

1. 欧元国际化路径的历史回顾。

建设"欧洲人的欧洲"是欧洲政治家们多年的夙愿。从第二次世界大战废墟中走出的欧洲各国迫切需要振兴本国经济，与美苏两个超级大国相抗衡。欧洲的政治家们选择了"统一欧洲""经济先行"的复兴思路，以法德为核心，在最优货币区理论的指导下，历经半个世纪的努力最终诞生了欧元。欧元国际化演化路径经历了以下两个步骤。

（1）实现欧洲经济一体化。1950 年 5 月 9 日，时任法国外交部部长罗伯特·舒曼提出了"舒曼计划"①，拉开了欧洲统一的序幕。根据舒曼计划的建议，1950 年 6 月 20 日，法国、联邦德国、意大利、比利时、荷兰和卢森堡 6 国在巴黎开始谈判，6 国最终于 1951 年 4 月 18 日达成协议，签订了《欧洲煤钢共同体条约》，建立欧洲煤钢共同体，该条约于 1952 年 7 月 25 日正式

---

① 1950 年 5 月 9 日，法国外交部部长罗伯特·舒曼发表一项声明，提议"把法国、德国的全部煤钢生产置于一个其他欧洲国家都可参加的高级联营机构的管制下"，"各成员国之间的煤钢流通将立即免除一切关税"。这一计划被称为"舒曼计划"。

生效。1950 年 9 月 1 日，欧洲 16 国①建立了欧洲支付同盟，其目的在于解决相互之间的货币结算和自由兑换问题。欧洲支付同盟的建立正式拉开了欧洲货币一体化的序幕。1957 年 3 月 25日，法国、德国、意大利、比利时、荷兰和卢森堡在罗马签订了《欧洲经济合作条约》和《欧洲原子能共同体条约》，总称《罗马条约》，这也是欧共体的纲领性条约，并确立了在欧洲建立一个共同市场的基本框架。1965 年 4 月 8 日，上述 6 国在比利时签署了《布鲁塞尔条约》，决定将欧洲煤钢共同体、欧洲原子能共同体和欧洲经济共同体合并为欧洲共同体（European Community，EC）。

1978 年 12 月 5 日，欧共体成员国②在布鲁塞尔达成协议，决定建立欧洲货币体系（European Monetary System，EMS），它由三个部分组成：欧洲货币单位埃居③（European Currency Unit，ECU）、欧洲货币合作基金④（European Monetary Cooperation Fund，EMCF）和欧洲货币汇率运行机制⑤（Exdiange Rate Medianism，ERM）。

1981 年希腊加入欧共体，1986 年西班牙、葡萄牙也加入了欧共体，此时欧共体已经发展为 12 个成员国。

---

① 欧洲 16 国指的是：德国、法国、英国、意大利、奥地利、比利时、丹麦、希腊、冰岛、卢森堡、荷兰、瑞典、葡萄牙、瑞士、土耳其和挪威。

② 此时欧共体已发展到 9 个国家。最初有德国、法国、意大利、荷兰、比利时、卢森堡，1973 年丹麦、爱尔兰和英国加入。

③ ECU 是 EMS 运转的基础，其职能主要是确定成员国货币汇率；欧共体的储备手段及进行汇率干预的手段；用于各国官方机构间的结算和信贷手段。从埃居货币篮子来看，其中所占份额最大的三种货币是原联邦德国马克、法国法郎和英镑。

④ EMCF 用于稳定资本市场和汇率，平衡国际收支和在成员国遇到金融风险时向其提供信贷，基金来源是由各成员国各自缴纳其黄金和外汇储备的 20%。

⑤ 各国汇率实行联合浮动机制，波动幅度应控制在 2.25% 以内（意大利、葡萄牙等经济承受能力较差的国家放宽到 6%）。

1989 年 6 月，在欧洲理事会在马德里召开，通过了《欧洲共同体经济和货币联盟的报告》（亦称《德洛尔报告》），该报告提出了实现货币联盟的三步走战略：第一步，1990 年 7 月 1 日实现八国①资本的往来自由化、加强金融协调；第二步，建立欧洲中央银行体系；第三步，向固定汇率过渡，统一货币，各国将金融政策权交予货币联盟。

（2）成立欧洲经济与货币联盟。1991 年 12 月欧共体成员国在马斯特里赫特召开的首脑会议，并签署了欧洲货币联盟的重要条约——《政治联盟条约》和《经济与货币联盟条约》，通称《马斯特里赫特条约》（简称《马约》），并于 1993 年生效，同时欧共体正式更名为欧洲联盟，简称欧盟（European Union，EU）②。根据《马约》的构想，EMU 的建立分三个阶段进行。

第一阶段，1990 年 7 月至 1993 年底，取消欧洲经济货币联盟内部成员国之间的资本项目控制，实现资本的自由流动，建立欧洲统一市场。同时加强成员国货币政策的协调与合作，建立相应的监督机制。

第二阶段，1994 年 1 月至 1998 年底，进一步加强各成员国在经济、财政和货币政策上的协调性，建立独立的欧洲货币管理体系，即欧洲中央银行体系。（European System of Central Bank，ESCB），为欧洲中央银行的成立和引入共同货币的设定奠定基础，各国货币之间的汇率波动要在原有的基础上进一步缩小并趋于固定。

第三阶段，1999 年 1 月 1 日开始，其任务是最终建立统一的欧洲货币和独立运行的欧洲中央银行。从 1999 年 1 月 1 日到

---

① 八国指德国、法国、意大利、荷兰、比利时、卢森堡、丹麦和爱尔兰。

② 欧洲联盟（European Union，EU），总部设在比利时首都布鲁塞尔，由欧洲共同体发展而来，是一个集政治实体和经济实体于一身、在世界上具有举足轻重的巨大影响力的区域一体化组织。

2002 年 1 月 1 日的 3 年为欧元的过渡阶段,欧元和欧元区国家货币并存,欧盟内 11 个国家①货币实现固定汇率且不可更改,各国的货币政策的权力逐渐转向欧洲中央银行。2002 年 7 月 1 日,欧元正式取代各国货币,成为唯一的法定货币。

进入 21 世纪,随着欧盟的东扩,欧元区也随之东扩。2007 年 1 月 1 日,斯洛文尼亚被获准进入欧元区。此后,塞浦路斯、马耳他两国相继通过欧盟委员会的评估验收,于 2008 年 1 月 1 日正式成为欧元区国家,欧元区成员迅速增至 15 个。2010 年 7 月 13 日,欧盟理事会正式批准爱沙尼亚加入欧元区;2009 年 1 月 1 日,斯洛伐克加入欧元区;2011 年 1 月 1 日,爱沙尼亚成为欧元区的第 17 个成员国;2014 年 1 月 1 日,拉脱维亚正式成为欧元区第 18 个成员国;2015 年 1 月 1 日,立陶宛正式采用欧元作为流通货币,成为欧元区第 19 个成员国。详见表 3 – 2。

表 3 – 2　　　　　　欧元创始国及后加入欧元区的国家

| 1991 年欧元创始国 | 后加入欧元区的国家 |
| --- | --- |
| 法国、德国、意大利、荷兰、比利时、卢森堡、爱尔兰、葡萄牙、西班牙、芬兰、奥地利 (1991 年) | 希腊 (2001 年) |
| | 斯洛文尼亚 (2007 年) |
| | 塞浦路斯、马耳他 (2008 年) |
| | 斯洛伐克 (2009 年) |
| | 爱沙尼亚 (2011 年) |
| | 拉脱维亚 (2014 年) |
| | 立陶宛 (2015 年) |

---

① 德国、法国、比利时、卢森堡、奥地利、芬兰、爱尔兰、荷兰、意大利、西班牙及葡萄牙,他们是欧元的创始国。

2. 对欧元国际化路径的概括总结。

从使用范围路径来看，欧元国际化演化路径为：

$$\boxed{欧元} \rightarrow \boxed{区域化} \rightarrow \boxed{国际化}$$

1999 年 1 月 1 日起欧元区 11 国开始采用欧元作为记账单位，2002 年 1 月 1 日欧元成为有形货币进入流通阶段，同年 7 月，欧元区各成员国货币退出流通领域，区域内所有交易一律使用欧元，欧元成为区域内的唯一合法货币，同时欧元也以区域化货币的身份成为国际化货币。截至 2015 年 1 月 1 日，欧元区共有 19 个成员国和超过 3.2 亿人口。欧元已成为"第二大国际货币"并在世界范围内被广泛接受。

从货币职能路径来看，欧元国际化演化路径为：

$$\boxed{欧元} \rightarrow \boxed{国际贸易计价、结算货币} \rightarrow$$

$$\boxed{国际投资、金融计价货币} \rightarrow \boxed{国际储备货币}$$

1999 年欧元启动后，为了加快欧元国际化的步伐。欧元区同时采取了以下四个方面的措施：（1）增加国际贸易中欧元结算的比重。欧洲的跨国公司在国际贸易中需以欧元结算，跨出欧洲的兼并和收购也鼓励以欧元结算，世界大部分国家同欧元区的贸易也大都以欧元结算。（2）增强欧元的国际投资货币的地位。欧元区极力保持欧元币值的稳定，欧洲金融界推出欧洲八大金融证券市场联合的举措。（3）完善欧洲金融市场。改进欧洲债券市场的交易体系和融资方式，提高其效率和透明度，通过联合、兼并和收购的形式实现了股票市场和商业银行的结构调整。（4）稳步提升欧元在储备货币中的地位。

**（二）对人民币国际化路径的启示**

1. 欧元模式是货币国际化的一条有效途径，为一些经济同盟区树立了借鉴样板。

欧元路径是一条崭新的路径，是欧洲政府间合作并有意推进的结果。欧元国际化实际上是欧洲各国货币整合成一种新货币，这种新货币在国际贸易定价和结算，以及外汇储备中地位提升的过程。牙买加体系确立以来，特别是次贷危机爆发后，美国滥用美元特权，对世界经济造成冲击。欧元的出现是美元霸权下欧洲各国的生存选择，同时也为我们指明：结成区域货币联盟，是发展中国家或小国经济体实现其本币国际化的有效途径之一。

2. 欧元诞生是"最优货币区理论"的一次有益尝试。

欧元的诞生得益于美国经济学家罗伯特·蒙代尔提出的"最优货币区"的观点。根据蒙代尔的研究：如果大区域由许多个国家组成，且国与国之间的劳动、资本等生产要素可以自由流动，那么浮动汇率制度就是多余的，这些国家在理论上就存在只使用一种货币的可能。按照他的设想，西欧各国经济水平相近，各国间要素流动性较高，存在组成一个货币区、在货币区内各成员国货币之间实行固定汇率制甚至于使用统一货币的可能。正是基于蒙代尔的"最优货币区理论"指引着欧洲的决策者把"统一货币"这一理论设想实践成为现实中的"欧元"。欧元成为货币史上第一个非主权国家货币的国际货币。可以说，欧元的诞生是世界货币史上的一座里程碑。

3. 欧元模式不适合"亚元"的构建。

随着欧元的诞生，学术界关于构建亚洲单一货币区域（"亚元区"）的呼声渐高。但欧债危机的爆发，给正准备效仿欧元区的亚洲各国提供了一次冷静思考的机会。欧元区主权债务危机的根源在于制度的缺陷和欧元区内部经济的失衡，而亚洲各国与欧元区各国相比：在经济上，各国间经济水平差异很大，发展极不平衡，贫富差距极大，成立亚元区的经济基础并不成熟；在政治上，亚洲一些国家，政局动荡，很多国家间存在领土领海争端，国家之间缺乏政治互信，成立亚元区还存在政治阻碍。

# 四、日元的国际化路径

## （一）日元国际化的路径考察

1. 日元国际化路径的历史回顾。

日元的国际化通常是被当成一国货币国际化的失败案例来进行探讨的。然而，日元与人民币同是亚洲货币，日本与中国在经济增长模式具有一定的相似性，因此，对于中国而言，分析日元国际化的路径及其失败原因对人民币的国际化有着极其重要的借鉴意义。日元国际化演化路径主要通过以下几个步骤：

（1）建立第二经济强国。在第一次世界大战期间，日本是仅次于美国的第二个暴发户。战争期间，日本经济迅速腾飞。1914~1919年，日本的工业生产总值增加了近4倍，农业生产总值增加了近2倍；日本的进出口贸易额增加了3倍以上，并从战前长期入超国家一跃变成一个大量出超的国家。第一次世界大战结束时，日本已从战前欠17亿日元的债务国变成借出5亿日元的债权国。

1945年，日本在第二次世界大战中战败，日本经济已在崩溃的边缘，但日本作为战败国被美国接管后，美国开始在日本实行"道奇计划"帮助日本重建，在美国的援助下日本经济得以初步恢复。

1950年6月，朝鲜战争爆发，战争所需的大量物资就近从日本采购，从而有力地促进了日本经济迅速恢复。1950年7月，日本出口总额为7400万美元，比6月增加18%。1950年上半年，日本月平均出口额为5000万美元，则下半年一下子跃升为8000万美元，可以说朝鲜战争是日本经济的回生妙药。到了1952年，日本经济已经基本恢复到了战前的水平。1952年，日本恢复主权，并加入了国际货币基金组织和世界银行。

1955年以后，日本开始大力引进国外先进技术，更新陈旧设备。自此，日本进入了近20年的经济高速增长时期，被称为日本经济增长的"黄金时代"。1955～1973年，日本国民生产总值平均增长率达到9.8%。日本经济在1955年已经超过战前水平，到1968年已经超越英国、法国、德国而跃居世界第二位。这一时期，日本企业的规模和生产设备均达到了世界最高水平。

（2）大力发展对外贸易和对外投资。日本曾是世界第三大贸易国。20世纪60年代，日本对外贸易开始进入快速增长阶段。1960年，日本进出口贸易总额为86亿美元，其中出口额为41亿美元，进口额为45亿美元。到了1973年日本进出口贸易总额已增加到751亿美元，其中出口额为369亿美元，进口382亿美元，比1960年分别增长了8.7倍、9.0倍和8.5倍，而同期美国为4倍、3.67倍和4.5倍，德国为5倍、6倍和5.4倍，英国为2.9倍、2.8倍和3倍，日本在全球贸易中的地位迅速提高。1973年日本成为世界第三出口大国，1974年日本成为世界第三进口大国。日本的贸易收支开始出现顺差，并且逐年增大。

日本曾是世界第一对外直接投资大国。由于日本经济的强劲增长和日本对外贸易的快速发展，特别是美元危机发生后，世界各国开始出现了日元需求，从此日元走上了硬通货的道路，日本也逐渐成为资本输出国。1970年，日本对外直接投资总额仅为9亿美元，1973年便已超过了30亿美元，此后逐年增加，1984年便突破了 100 亿美元。1985 年《广场协议》①后，日本对外直接投资更是急剧增加，1986～1988 年 3 年时间对外投资累计 1028 亿美元，超过第二次世界大战后 1951～1985 年 35 年累计对外投资的总额。1989 年日本以 441 亿美元的对外直接投资额，超过了美国的 368 亿美元和英国的 352 亿美元[89]，首次跃居世界第一位。与此同时，日本政府也开始逐步放松对日元的管制，1960 年日元实现了经常项目的局部可兑换，1963 年日本成为国际货币基金第 8 条款国②，日元实现了经常项目的可自由兑换。1970 年，允许发行以日元自由兑换的外债，废除了外汇集中制度。

1973 年初，布雷顿森林体系崩溃，日元正式进入国际货币体系，与德国马克、法国法郎、英镑等一道成为分享原来美元独占利益的国际货币。

（3）"广场协议"使日元被迫升值。自 20 世纪 70 年代后期，美国对日本开始出现经常项目的巨额逆差，美日贸易摩擦日益激烈。美国政府为了扭转持续扩大的贸易逆差，迫切要求日本尽快实现金融市场开放、资本市场的自由化和日元国际化。

1985 年 9 月，美、英、法、日、德五国财长在纽约签订了《广场协议》，从此，日元走上了升值之路。传统观点认为，广场协议是美国强加给日本的一个不平等条约，其实，就当时日本的情况而言，通过日元的升值来进一步推动日元的国际化同样也是日本政府的期望。在广场协议后，日本政府顺势在推进日元国

---

① 广场协议（Plaza Accord）是美国、日本、英国、法国及联邦德国 5 个工业发达国家财政部部长及央行行长于美国纽约的广场酒店秘密会晤后，在 1985 年 9 月 22 日签署的协议。目的在于联合干预外汇市场，使美元兑日元及马克等主要货币有秩序地下调，以解决美国巨额贸易赤字，从而导致了日元的大幅升值。

② 第 8 条款国：国际货币基金组织（IMF）协定第 8 条规定，一国若能实现经常账户下的货币自由兑换，该国货币就被列入可兑换货币。因此，国际上习惯性把实现了经常账户下货币自由兑换的国家称为"第 8 条款国"。

际化方面采取了一系列的政策措施：1986 年 12 月正式建立了东京离岸市场；1988 年 1 月和 12 月先后向国外开放了日元 CP 市场和外汇 CP 市场；1989 年 5 月向国内开放了中长期欧洲日元贷款，6 月对欧洲日元债和居民的海外存款实行了自由化。这些举措，都大大加快了日元国际化的进程。

2. 对日元国际化路径的概括总结。

从使用范围路径来看，日元国际化演化路径为：

$$\boxed{日元} \rightarrow \boxed{国际化} \rightarrow \boxed{区域化}$$

日元国际化走的是一条深化改革和发展的道路，通过实行贸易自由化、经常账户自由化、资本流动自由化、金融自由化改革，其目的是使日元直接成为国际经济活动中普遍接受和使用的货币。1990 年，在日本进、出口额中，按日元结算的比重为 14.5% 和 37.5%，分别比 1980 年提高了 12.1 和 8.1 个百分点；在世界各国的外汇储备中，日元的比重为 8%，虽然仍远低于美国的 50.6%，也低于德国马克的 16.8%，但却超过了英镑，成为第三大国际储备货币。但事实证明，在国内金融资本市场开放度十分欠缺的情况下，挑战"原有主导货币的霸权"，企图一步到位地实现本币的直接国际化，其结果只能是失败的，日元不得不退回亚洲，图谋在亚洲地区成为主导货币。

从货币职能路径来看，日元国际化演化路径为：

$$\boxed{日元} \rightarrow \boxed{国际贸易计价、结算货币} \rightarrow \boxed{国际投资、金融计价货币}$$
$$\rightarrow \boxed{国际储备货币}$$

日元的国际化进程起步于 20 世纪 70 年代左右。在国际化的初期，日元的国际化是政府通过推动在对外贸易中逐渐扩大使用日元结算的比重，促进日元在相关国家和地区间的流通，以此来加速日元国际化。20 世纪 80 年代，日本为了加速日元的国际化，选择了促进日元国际投资和金融计价货币职能的发展。1980

年，日本放开了资本项目管制，1984 年又提出大力发展日元离岸市场，加大对外直接投资，扩大日元在国际上的使用范围的战略。战略推行初期，成果显著，仅 1986～1988 年的 3 年间，日本对外直接投资就累计达到 1028 亿美元。另外，日本放松金融管制后，日元在国际外汇市场的交易规模迅速增加，1989 年的国际外汇交易市场中，日元的交易比重为 13.5%，已与德国马克基本持平，仅次于美国的 45%，日元的国际地位迅速提升，甚至国际货币体系一度出现了美元、日元和德国马克的"三极"趋势。但日元在国际贷款、欧洲债券发行量、国际债券发行量的占比快速增加，日元近年来在国际贸易结算中的比重却并没有出现明显增加，整体水平依旧很低。同时，象征货币重要地位的官方外汇储备占比，日元也出现了逐年下降的情况。从 1990 年的 8% 降到 2013 年三季度的 3.86%。上述事实表明，忽视对真实贸易的需求，而仅仅追求货币金融交易额的片面增长的货币国际化路径是很难获得成功的。

## （二）对人民币国际化路径的启示

1. 日元国际化的失败教训。

日元的国际化并不是一个成功的案例。20 世纪 90 年代以来，日元的国际化程度呈现逐步退步的趋势。可以说，日元的国际化是一种不完全的国际化。导致日元国际化不成功的主要原因有以下两点。

（1）日本经济增长长期停滞。1985 年《广场协议》以后，日元大幅升值，国际"热钱"随之大量涌入日本金融市场，造成资产泡沫化严重。泡沫破灭后，外资大量出逃，日本经济遭受重大影响，导致日本长达 10 年的经济停滞，形成了所谓的"失落的十年"。日本经济的低迷影响了境外持有者对日元的信心，从而制约了日元国际地位的提升。1997 年亚洲金融危机和 1999

年欧元的诞生更是给了日元国际化沉重的两连击，自此之后，日元的国际化进程基本上处于停滞不前的状态。即使进入 21 世纪，经济增长的颓势也没有出现明显的好转。

（2）日本缺乏与亚洲的合作。日本历来就不满足于将目光局限于亚洲，甚至不屑于与亚洲国家合作，所以日元最初的国际化战略中基本没有考虑要在亚洲实现区域化，而是试图走一条让日元直接国际化的道路。这也使得日元缺少亚洲国家的支持，缺乏国际货币的地域经济基础，最终造成了日元与美元、欧元相比，国际化程度仍然较低，世界国际储备比重仍然很小的失败结果，使日元国际化进程陷入了困境。

2. 值得借鉴的经验。

（1）货币国际化与对外贸易、对外直接投资关系紧密。首先，发达的对外贸易能够为本币在国际上的流通提供输出和回流的渠道，此外，贸易顺差能带来大量的外汇储备，充足的外汇储备也体现了一国的对外支付和清偿能力，增加该国货币持有者的信心；其次，对外直接投资的发展可以直接输出本国货币。例如，中日建交后，日本对中国提供的贷款援助都是直接以日元提供的，这也是日元国际化的一种策略。

（2）金融开放是货币国际化的必要条件。从日元国际化历程可以总结出：通过提高金融开放程度，实行贸易自由化、资本流动自由化、外汇自由化、利率和金融市场自由化的改革，是一国货币在国际经济活动中被普遍接受和使用的基础。境外流通本币的增加又能反过来加速国内金融制度自由化的改革，进而促进本币的国际化。

# 第四章

# 人民币国际化的路径设计

## 一、货币国际化的共性分析

### （一）货币国际化的内在基础

一国货币要成为国际货币，就必须要得到其他国家的认可，愿意持有并使用它作为国际贸易中的交易媒介和计价单位，作为对外支付手段和储备工具，而这种认可就来自对该国货币国际化内在基础的认同。回顾主要货币国际化路径，我们不难发现各主要货币国际化内在基础有着很多的相似点。

1. 国民经济占世界经济比重较大。

衡量国民经济的指标是国内生产总值（GDP）。一国 GDP 占世界 GDP 的比重在一定程度上决定了该国货币在国际货币体系中的地位。从货币国际化的历史与现状来看，最终成为国际货币的都是在世界经济中经济总量最大的一个或前几位经济体的货币。英镑、美元、欧元、日元的国际化背后都有其庞大的 GDP 作为支撑。工业革命之后，英国国民经济快速发展，成为当时的世界经济霸主；美元取代英镑成为国际货币时，美国的 GDP 总量为 2198 亿美元，占世界总产值的 52% （以 1944 年布雷顿森林体系的形成为时间点）；欧元启动时，欧盟的经济总量为 6.7 万亿美元，占世界 GDP 的 27% （以 1993 年《马约》的签订为时间点）；而日本 GDP 最高也曾经达到世界 GDP 的 17.7% （1994 年）。Frankel 的研究表明，主要国际货币发行国在世界总产值中的比重每提高 1 个百分点，其货币在各国央行的货币储备的比重将上升 1.33 个百分点。[90]可见，一国的 GDP 占世界比重的大小与该国货币的国际地位是紧密相关的。

中国经济在改革开放之后实现了 30 多年的快速稳定增长，年平均增长率达到了 9% 以上。按国际货币基金组织的统计，1978～2007 年的近 30 年间，中国的经济总量（GDP）从 2683 亿美元激增到了 3.25 万亿美元。2008 年，中国 GDP 为 3.89 万亿美元，超越德国，成为世界第三。2010 年，中国以 5.75 万亿美元的 GDP 总额，超越日本的 5.39 万亿美元，成为仅次于美国的世界第二大经济体。2012 年，中国 GDP 已达到 8.25 万亿美元。伴随着经济总量的增长，中国 GDP 占世界的比重也在不断增大，从 1990 年仅占世界经济 1.64% 比重上升到 2015 年的 14.2%（如表 4-1 所示）。根据货币国际化的经验，一个国家的 GDP 占世界总量的 10% 左右时，该国就具备了推进本币国际化的条件。[91]可见，中国近几十年的国民经济的快速增长已经使人民币逐渐具备了国际化所需的国民经济基础。

表 4-1　　　中国与美国、欧盟和日本的实际 GDP 占世界份额的比较　　　单位:%

|  | 1990 年 | 2000 年 | 2005 年 | 2010 年 | 2015 年 |
|---|---|---|---|---|---|
| 中国 | 1.64 | 3.75 | 4.94 | 8.00 | 14.20 |
| 美国 | 26.39 | 30.51 | 27.36 | 23.60 | 23.15 |
| 欧元区 | 26.07 | 19.52 | 22.04 | 21.30 | 14.92 |
| 日本 | 13.84 | 14.58 | 10.06 | 8.70 | 5.34 |

数据来源：世界银行世界发展指数数据库。

2. 对外贸易全球地位较高。

一国对外贸易的规模不仅是衡量其经济实力的重要指标，也是一国货币国际化的重要条件。货币要实现国际化，首先必须要解决的问题就是对外输出本币，而通过在对外贸易中用本币进行支付就是最直接的输出途径之一。因此，一国进出口规模与该国货币是否能够成为国际货币关系密切。英镑国际化时，英国被称为"世界工厂"，大不列颠的工业品源源不断地输向世界各地，1800～1850年，英国出口价值增长了4倍，全世界其他国家的出口商品中有30%是运往英国，英国是当时独一无二的贸易霸主。两次世界大战期间，美国通过不断向欧洲出口商品，进出口总额不断上升，1938年美国在全球贸易总额中所占的比重为14.1%，到了1948年已升至21.9%[92]，超越英国成为当时的世界第一。随着美国全球贸易比重的上升，美元也最终超越英镑成为新的国际货币。日本1949年时在全球贸易比重仅为1.24%，1986年则已增长到9.86%[93]，创造了日本战后日本对外贸易占全球贸易比重的峰值。随着日本对外贸易的发展，日本进出口中以日元结算的比例也在不断升高，出口从1965年的不到1%上升到1994年3月的40.7%，进口从0.3%上升到21.6%。[94]1991年欧元成为欧盟的统一货币时，欧盟当时的贸易规模更是占到世界总额的41.06%。

改革开放以来，中国的对外贸易发展迅速，在国际贸易中的地位不断上升。2010年，中国货物贸易进出口总额达到2.97万亿美元，超越德国跃居世界第二，其中出口额位居世界第一，进口额位居世界第二。美国商务部普查局2016年2月5日发布的外贸数据显示，2013年美国货物进出口总值达到3.8万亿美元，落后中国1438.82亿美元（中国进出口总值为3.96万亿美元）。中国进出口贸易总额占世界的比重也由1978年的0.79%（世界排名第29位）上升至2015年的13%，成为世界第一大货物贸易国。因此，从贸易规模上看，中国已经充分具备了人民币国际化的客观条件。

3. 对外投资规模庞大。

对外直接投资与国际贸易相比更具有主动性的特征，对于一国货币国际地位的提升具有更大的影响力。从历史上看，英镑、美元、欧元和日元的货币国际化过程都伴随其对外净投资过程。按照麦迪森在《世界经济千年史》中提供的数据，在第一次世界大战之前，英国对外投资居世界第一位。1913 年，英国输出资本高达 40 亿英镑，占世界各国对外投资总额的 1/2。[95] 第一次世界大战以后，美国开始逐渐成为对外净投资的主要国家，并一直持续到 1970 年，美元的国际货币地位也就是在这一期间形成和巩固的。日元的国际化同样伴随着从 1981 年开始的长期的对外净投资。日本对外直接投资逆差由 1981 年的 4.71 万亿日元增至 1998 年的 21.35 万亿日元。[96]

中国对外直接投资起步较晚，但发展较快。2002 年，中国对外直接投资净额仅为 29 亿美元。据 2016 年 1 月 20 日，商务部发布的最新数据显示，截止到 2015 年底，中国境内投资者共对全球 155 个国家和地区的 6532 家境外企业进行了非金融类直接投资，已累计实现投资 7350.8 亿美元，自 2012 年起连续 4 年成为世界第三大对外投资国。而且，中国对外直接投资几乎涵盖了国民经济的所有行业类别，其中租赁和商务服务业、金融业、采矿业、批发和零售业、制造业、交通运输业/仓储和邮政业和建筑业是主要投资领域，存量均超过了 100 亿美元。但从投资存量上来看，中国仍与发达国家存有较大差距。截至 2015 年底，中国对外直接投资存量首次超过万亿美元大关，居全球第 8，首次步入全球前 10 行列。

4. 国际化货币币值坚挺。

稳定的币值是一种货币能否在国际上被广泛接受和使用，以及最终能否成为国际货币的关键。19 世纪后期实行的是国际金本位制，这是一种自发形成的以金本位制为主要特征的国际货币体系，由于英国是世界上第一个实行金本位的国家（英国法定 1 英镑 = 7.32238 克纯金，并可自由兑换），英镑挂钩黄金，在世界范围内代替黄金行使世界货币的职能。布雷顿森林体系建立之后，美元则与黄金直接挂钩，并很长一段时间保持币值稳定，美元也成为当时独一无二的世界货币。欧元也因其长期稳定的币值，才在国际货币体系中赢得相当的信誉。而日本则恰恰相反，由于日本经济长期不景气，日元汇率的长期大幅波动，导致日元在世界各国官方外汇储备中所占的份额很小，甚至渐渐沦为国际炒家的投机工具，国际化地位十分尴尬。由此可见，保持币值的稳定性是货币国际化成功实现的关键因素。

中国政府一直以来注重经济的宏观调控，保持经济快速发展的同时，注意防范内部通货膨胀和外部危机风险，人民币汇率特别是对美元汇率一直保持平稳，逐渐在国际上为人民币树立起了良好的国际形象。特别是 1997 年亚洲金融危机时，亚洲地区只有人民币始终保持币值稳定，为人民币在亚洲范围内赢得了良好的口碑。自 2005 年汇率改革之后，人民币汇率走势一直呈现出稳中有升的态势。2008 年美国次贷危机和 2009 年欧债危机爆发，欧、美、日等货币国际化国家经济遭受严重打击，纷纷采取极度宽松的货币政策，向市场上大量注入流动性，而中国通过一系列的促进国内消费的政策，快速回复经济增长活力，使得人民币仍能维持人民币对美元汇率的稳中有升，进一步增强了人民币的国际信誉。中国外汇交易中心的数据显示，到 2013 年 9 月 12 日人民币兑美元汇率中间价已升破 6.16 元关口，报收于 6.1575 元，创下汇改以来新高。虽然 2014 年末，人民币对美元汇率中间价为 6.1190 元，比 2013 年末贬值 221 个基点，贬值幅度为 0.36%，但人民币对欧元、日元汇率中间价分别为 1 欧元兑

7.4556 元人民币、100 日元兑 5.1371 元人民币，分别较 2013 年末升值 12.92% 和升值 12.46%。从整体上看，2005 年人民币汇率形成机制改革以来至 2014 年末，人民币对美元、欧元、日元汇率累计升值 35.26%、34.32%、42.22%。根据 BIS 的计算，2014 年，人民币名义有效汇率升值 6.41%，实际有效汇率升值 6.24%。2005 年人民币汇率形成机制改革以来至 2014 年 12 月，人民币名义有效汇率升值 40.51%，实际有效汇率升值 51.04%。因此，从长远看，人民币的保值增值性，必将对人民币国际化进程和履行国际货币职能起到积极的促进作用。

5. 国内金融体系完善发达。

一个高度发达且又开放的金融市场对一国货币发展成为国际化货币具有重要作用。一国货币若要成为国际化货币，必须以相当广度（即有大量的、种类繁多的金融交易工具）、深度（即发达的二级市场）和基本不受管制（如不受贸易限制与资本管制）的金融市场为载体。第一次世界大战之前，伦敦金融中心是世界上最大的国际金融中心。20 世纪中叶，纽约市场发展成全球规模最大、资金运用最方便的金融市场，这一点是至今美元仍维系着国际货币体系霸主地位的原因之一。而相反，日元国际化失败的最重要的原因之一就是在没有一个成熟完善的国内金融市场的情况下，为加快实现日元国际化而提前开放了国内金融市场。在广场协议签订时，其票据、外汇、债券等金融市场功能都比较落后，随着日元的陡升，国际热钱纷纷涌入，国内金融结构的调节能力和金融市场的健全性远不能适应日元的急剧升值。虽然日本为了避免日元国际化的所带来的冲击而采用了内外分断的金融改革战略，日本面对突变的环境已无力采取灵活的应对措施，最终为日本泡沫经济的破灭埋下伏笔。

就当前情况看，中国的金融市场无论在广度还是深度上都无法满足国际化货币的需要，笔者认为根源在于中国尚不完善的国内金融体系。但不得不承认，近年来，中国在深化金融市场，完善金融体系方面还是取得了很多骄人的成绩。2005 年 9 月 4 号，证券市场上市公司股权分置改革进入实施阶段，解决了证券市场长期以来遗留的结构性问题，资本市场开放的制度性障碍得以扫清。2010 年 1 月 8 日，国务院原则同意开展证券公司融资融券业务试点，2010 年 4 月 16 日股指期货正式上市交易，做空机制的复出和金融衍生产品的推出，进一步完善并发展了中国金融市场的价值发现功能和投资避险功能，提升了资本市场的有效性与吸引力。2010 年 7 月 15 日中国农业银行 A 股和 H 股同步上市，标志着中国国有商业银行股份制改革初步完成。2013 年 7 月 19 日，经国务院批准，中国人民银行决定，自 2013 年 7 月 20 日起全面放开金融机构贷款利率管制。2013 年中国（上海）自由贸易试验区的建立和 2014 年沪港通的成功开展，标志着中国资本市场自由化又迈出了重要一步。目前，中国只有少数资本账户项目完全不可自由兑换。根据 IMF 对资本账户交易的分类，40 项中的 35 项中国已经全部或者部分实现了可自由兑换，只有 5 项仍旧完全不可自由兑换。这五项主要涉及个人跨境投资以及非居民在本国市场发行股票和其他金融工具。正如中国人民银行行长周小川在参加第 31 届国际货币与金融委员会系列会议时的讲演所说，"中国离实现人民币资本账户可自由兑换的目标不远了"。

6. 外汇储备规模位居世界前列。

充足的外汇储备能够为一国货币的国际化提供有效的信用支撑。持有一定规模的外汇储备，不仅可以确保一国在参与国际经济活动的过程中克服外汇短缺的制约，而且可以有效抵御世界经济波动和危机对本国的冲击，更对稳定本国货币币值，提升一国货币的声誉有着极大的好处。在金本位时代，各国货币发行要以黄金为基础，短暂的偏离要通过黄金运送来调节。英国凭借殖民掠夺和直接投资红利积攒了大量黄金储备，使得英格兰银行能够充分保障英镑与黄金兑换，这也在国际社会为英镑赢得了良好的声誉。第二次世界大战结束之后，国际货币体系仍是"金本位制"，当时世界上只有美国拥有巨额的黄金储备，也让美元具备了与黄金挂钩的实力。借此，美国利用布雷顿森林体系的建立，使各国货币与美元挂钩，美元与黄金挂钩，这样美元就在国际经济往来中代替了黄金来执行着世界货币的职能。可以毫不夸张地说，正是美国的黄金储备优势，才使得美元占据了国际货币体系的制高点。

截至 2015 年末，中国外汇储备余额高达 3.33 万亿美元。外汇储备的主要作用有：（1）保证对外支付。目前美元是国际贸易中的主要交易货币，虽然中国没有披露外汇储备的构成，但市场普遍认为美元比例应占中国外汇储备的 2/3 以上，中国充足的外汇储备能够保障中国企业在国际贸易中对国外的支付。（2）稳定本币汇率。人民币汇率形成机制改革之后，人民币将受到更多来自外汇市场供求关系的影响，此时中国可以利用持有的巨额外汇储备干预外汇市场，有利于维持人民币汇率的稳定。（3）提升国际地位。外汇储备是国家央行的资产，外汇储备越多，央行资产就越多。中国巨额的外汇储备能够提升中国在处理国际事务时的话语权。（4）增强抵抗风险的能力。充足的外汇储备使中国在国际发生金融危机爆发时，能够拥有充足的实力去面对。例如，1997 年亚洲金融危机爆发后，各国纷纷宣布货币贬值，而中国本着一个负责任大国的态度，宣布人民币不贬值。这正是以充足外汇储备为基础的。

## （二）货币国际化的外在条件

虽然货币的内在基础是货币国际化的决定因素，但历史经验告诉我们货币国际化进程中各国经济实力变化并不意味着会马上导致各国货币国际地位的变化。这是因为，各国货币的国际化还受着相同的外在条件的制约。

1. 国际地位不断提升。

一国货币若要成为国际货币，该国必须拥有一定的国际地位，广泛地参与，甚至主导国际规则的制定，从而推动该国货币的国际化。第二次世界大战结束后，美国和英国观点基本一致，都认为世界急需重新建立起一个稳定的国际货币体系，但在具体的实施方案上，美国和英国分别基于各自国家的利益提出了"怀特计划"① 和"凯恩斯计划"②。相比"怀特计划"，英国的"凯恩斯计划"还是比较顾及各国之间的利益。然而结果却是，美国凭借其第二次世界大战后强大的国际地位，促使国际社会按照美国的"怀特计划"构建形成了布雷顿森林体系。第二次世界大战后的日本虽然经济发展速度很快，长期位列世界第二大经济体，但其国际地位却远不如其经济地位，这也是日元的国际地位与其经济地位不符的原因之一。

---

① 怀特计划是美国财政部长助理怀特提出的"联合国平准基金计划"。"怀特计划"包含两个重要内容：一是建立稳定基金，以保证国际汇率的相对平衡；二是建立"国际复兴开发银行"，提供贷款帮助遭受战争创伤的国家迅速恢复经济，支持穷国发展生产。美国意图借助"怀特计划"来控制"联合国平准基金"，进而通过"基金"使会员的货币"钉住"美元。这个计划还立足于取消外汇管制和各国对国际资金转移的限制。

② 凯恩斯计划是英国财政部顾问凯恩斯拟订的"国际清算同盟计划"。计划内容包含：（1）建立"国际清算同盟"，相当于世界银行。（2）会员国中央银行在"同盟"开立往来账户，各国官方对外债权债务通过该账户用转账办法进行清算。（3）顺差国将盈余存入账户，逆差国可按规定的份额向"同盟"申请透支或提存。（4）"同盟"账户的记账单位为"班科"，以黄金计值。会员国可用黄金换取"班科"，但不可用"班科"换取黄金。（5）各国货币以"班科"标价，非经"同盟"理事会批准不得变更。（6）会员国在"同盟"的份额，以战前3年进出口贸易平均额的75%来计算。（7）"同盟"总部设在伦敦和纽约，理事会会议在英、美两国轮流举行。

中国是世界上最大的发展中国家，同时也是联合国安全理事会五大常任理事国之一，在国际事务中扮演发展中国家代言人的角色，一直以来都在国际事务的决策上拥有重要的影响力。改革开放以后，中国以更加积极的姿态走向世界，在 WTO、IMF、亚太经合组织、国际原子能机构、工业发展组织、国际能源组织等在内的一百多个国际组织发挥着积极作用，在 20 国集团、金砖国家、上海合作组织中扮演着重要角色，逐步提升着自己的国际地位。近几年，随着中国国际地位的提升，在国际规则制定上的话语权也日益提高。例如，近年来低碳经济规则的制定中，中国参加了《联合国气候变化框架公约》及《京都议定书》缔约过程中的政府间谈判，并参与了历届联合国气候变化大会。特别是在 2009 年哥本哈根世界气候大会上，中国在针对温室气体减排幅度和时间表的安排上，为广大发展中国家争取了利益，甚至在各国间出现了"中美共治"（G2）的说法，这都在一定程度上反映了中国国际地位和国际话语权的提升。

2. 区域经济影响不断增强。

任何货币的国际化往往离不开区域经济的合作与发展。欧元毫无疑问是半个多世纪以来欧洲经济一体化的成果，而日元国际地位不高应该说与其没有很好地在亚洲开展区域经济合作有着很大关系。

中国一直以来都以积极地态度参加区域经济合作，不断扩大在区域经济中的影响力度。继 20 世纪 90 年代中国加入亚太经济合作组织（APEC）、发起成立上海合作组织后，2010 年中国与东盟又建立起仅次于北美自由贸易区和欧盟的世界第三大自由贸易区——中国—东盟自由贸易区。中国—东盟自由贸易区建成时就包含了 19 亿人口，GDP 之和高达 6 万亿美元，年贸易额高达

4.5 万亿美元。中国现正积极促进 10 + 3① 自由贸易区，甚至整个亚洲自由贸易区的形成。2013 年 10 月 10 日，李克强总理在斯里巴加湾市出席东盟会议和东亚峰会时两次指出，希望亚洲国家能够就地区自由贸易协定达成一致，希望中国能够在亚洲自由贸易区建立过程中起到推动作用。目前，亚洲—大洋洲自由贸易区也正在构建，亚洲—大洋洲自由贸易区谈判桌上有东盟集团 10 个成员国和 6 名自由成员——中国、日本、韩国、印度、澳大利亚和新西兰。

3. 离岸金融市场日益发达。

所谓离岸金融市场是指经营非居民（即外国贷款人、投资者和外国借款人）之间融资业务的市场。20 世纪 50 年代末，离岸金融在伦敦形成雏形，60 年代在欧洲离岸金融已初具规模，80 年代以后离岸金融业务在世界很多地方都有发展。但实际上能够被称作离岸金融中心的却凤毛麟角。目前，世界上已有的离岸金融中心分两类：一种是硬通货在国外形成的离岸中心，如欧洲美元市场；另一种是货币国际化国家在境内设立的离岸中心，如在美国的纽约金融中心和日本的东京金融中心。回顾货币国际化的历史，几乎每一种国际货币的形成都少不了离岸金融市场和离岸金融中心的支持。日本在 1985 年提出要创设离岸金融市场的设想并成立了"关于东京国际化的专门部会"，之后东京便开始逐渐演变成为全球的离岸金融中心。在日本创立离岸市场的初期，外币交易的比重占到了总数的 80% 左右，随着东京离岸金融中心的建立和欧洲日元离岸金融市场的蓬勃发展，日元交易比重开始迅速上升，美元交易占比降到 1/3 左右，而日元交易份额则提高到了 2/3。日元也依托着东京离岸金融中心最终成为国际

① 东盟与中日韩（10 + 3），即东盟 10 国（文莱、印度尼西亚、马来西亚、菲律宾、新加坡、泰国、越南、老挝、缅甸、柬埔寨）与中国、日本和韩国。

货币。

香港地区是世界第三大金融中心、第三大黄金交易中心、第五大外汇市场、第五大股票市场，也是亚太地区重要的基金管理中心。香港位于美欧之间，拥有优越的地理位置，具备当今离岸金融中心所必需的一切条件。2003 年 11 月中国人民银行开始向香港银行提供人民币清算服务，被认为是香港人民币离岸金融中心建设的起点。2004 年 1 月 1 日，香港银行获准经营人民币个人存款、兑换、汇款以及银行卡业务，人民币境外回流机制初步建立，人民币离岸市场初现规模。据香港金管局最新发表的数据显示，截至 2013 年 12 月底，香港人民币存款总规模已达 10529亿元。相比 2004 年底的 121.27 亿元增长了 87 倍。2007 年，香港人民币债券市场的建设也取得突破性进展，国家开发银行在港发行人民币债券，迈出了境内金融机构赴港发行人民币债券的第一步。随后香港人民币债券市场便一直迅猛发展，据国家发改委不完全统计，截至 2013 年底，香港人民币债券发行已达 4000 亿元。2009 年 6 月，人民币跨境贸易结算业务开始在香港试点，香港人民币贸易结算融资业务正式启动。2010 年，香港的证券交易结算系统和银行同业结算系统实行人民币结算业务的各项准备工作已经完成。2011 年，香港人民币贷款业务开始展开。2011 年底，香港人民币贷款余额已达到 308 亿元。2011 年 8 月17 日，国家"十二五"规划与两地经贸金融合作发展论坛在香港会展中心举行，时任国务院副总理的李克强出席并做了主题为"协力求发展，合作促繁荣"的演讲，提出："巩固和提升香港国际金融中心地位，支持香港发展成为离岸人民币业务中心"，这标志着香港成为人民币离岸金融中心的地位得到了中国政府的明确承认和支持（见表 4-2）。

表 4 – 2 香港人民币离岸业务发展大事记

| 时　间 | 主要内容 |
|---|---|
| 2003 年 11 月 19 日 | 中国人民银行日前发布了［2003］第 16 号公告，宣布为香港银行办理个人人民币存款、兑换、银行卡和汇款业务提供到内地清算的安排 |
| 2004 年 1 月 1 日 | 香港正式开展个人人民币业务，包括接受存款、兑换、汇款以及银行卡业务 |
| 2005 年 12 月 | 央行同意香港购物、餐饮、住宿、交通、通讯、医疗、教育等 7 个行业的"指定商户"开设人民币存款账户。准许香港居民开设人民币支票账户 |
| 2007 年 6 月 | 央行允许内地金融机构在香港发行人民币债券。2007 年 7 月，国家开发银行在港发行第一笔人民币债券 |
| 2009 年 6 月 | 央行与香港金融管理局就内地与香港跨境贸易人民币结算试点业务签署补充合作备忘录，允许香港企业与上海、广州、深圳、东莞和珠海的企业以人民币作为贸易结算货币。香港成为跨境贸易人民币结算的唯一境外试点地区 |
| 2009 年 9 月 | 财政部在香港发行 60 亿元人民币国债，这是中国国债首次在内地以外地区发行，也是首次在内地以外发行人民币计价的主权债券。此举有助于香港人民币离岸业务发展 |
| 2010 年 2 月 | 香港金管局对香港人民币业务的监管进行诠释：香港的银行在确保资金不回流内地的情况下，可自由决定如何运用其人民币资金，发展人民币业务。此举有助于简化程序和增加灵活性，可进一步支持跨境贸易人民币结算业务发展 |
| 2010 年 6 月 | 跨境贸易人民币结算试点地区"扩容"，由上海和广东的 4 个城市扩大到 20 个省区市，试点业务范围包括跨境货物贸易、服务贸易和其他经常项目人民币结算。参与跨境贸易人民币结算的境外地域不再受限制 |
| 2010 年 7 月 | 央行与中银香港签署新版清算协议，允许人民币存款在香港的银行间往来转账，香港的银行为金融机构开设人民币账户和提供各类服务不再有限制，个人和企业相互之间也可以通过银行自由进行人民币资金的支付和转账 |

| 时　间 | 主要内容 |
|---|---|
| 2010 年 8 月 | 央行宣布允许香港人民币业务清算行等相关境外机构进入内地银行间债券市场试点投资，从而拓宽境外人民币的投资渠道。随后，工银亚洲、交通银行香港分行、中国农业银行香港分行和中国建设银行香港分行等多家境外机构获得批准 |
| 2011 年 1 月 | 央行发布境外直接投资试点管理办法，规定凡获准开展境外直接投资的境内企业，都可以人民币进行境外直接投资。同时，内地银行的香港分行或代理银行，可以从内地取得人民币资金，向进行投资的企业发放人民币贷款 |
| 2011 年 8 月 17 日 | 在国家"十二五"规划与两地经贸金融合作发展论坛中，中央明确表态"巩固和提升香港国际金融中心地位，支持香港发展成为离岸人民币业务中心" |
| 2012 年 1 月 | 央行正式批准了 200 亿元人民币的 RQFII 投资额度，香港庞大的资金开始借助 RQFII 进入内地资本市场，投资者能够通过金融产品参与境内金融市场投资 |
| 2012 年 2 月 14 日 | 由恒生投资管理有限公司推出的恒生人民币黄金 ETF（83168. HK）在港交所上市，这是香港市场首只以人民币计价的 ETF，也是全球首只人民币黄金 ETF。该 ETF 每手买卖单位为 100 个基金单位，每手买卖金额约为 3500 元人民币 |
| 2012 年 12 月 27 日 | 中国人民银行办公厅近日批复同意中国人民银行深圳市中心支行发布实施《前海跨境人民币贷款管理暂行办法》。这标志着深圳前海地区跨境人民币贷款业务正式启动。深圳前海启动了跨境人民币贷款业务，提高了香港离岸人民币市场的活跃度，形成人民币跨境双向流动的良性循环 |

4. 国际货币体系改革呼声日渐高涨。

1973 年布雷顿森林体系崩溃，国际货币体系进入以美元为主导的、缺乏有效约束的牙买加体系时代。由于世界上绝大多数国家外汇储备仍然以美元储备为主，国际贸易支付、计价和结算也大多以美元为主，使得美国在通过其汇率和利率手段做出有利于美国经济的调节时，很可能会损害其他国家的利益，甚至向世界转嫁美国自身的危机风险。例如，2008 年次贷危机在美国爆发，并因美元的国际传导性在全球范围内蔓延，然而美国不但没有负起责任，还利用美元在国际货币体系中的霸权地位，采取货币量化宽松和财政赤字货币化的政策，通过超发美元支持国内消费和清偿债务，刺激本国经济复苏，对外进行危机转嫁，造成了美元的流动性泛滥，这也必然使美元存在持续贬值的预期，推升国际大宗商品价格，也使得各国持有的美元外汇资产大幅缩水。在现行的国际货币体系中，美元拥有着其他国际货币所没有的权利，且美国的权利与责任存在明显的不对等。在此情形下，要求国际货币体系进行改革的呼声也日益强烈。起初，世界各国尝试利用欧元和日元来消除美元在国际货币体系中的霸权的不利影响。然而，事实证明，欧元由于是非主权国家发行，没有政治体制保障，其安全性目前根本无法与美元相比，再加上欧元区主权债务危机的爆发，更使人们对欧元丧失了信心。而日元由于种种原因国际化程度一直不高，又经历十年的经济衰退后，更是远不能与美元相抗衡。因此，培育其他货币成为国际货币来消除美元霸权就成为国际货币体系改革的必然道路。

综观各大洲，欧元区的存在使得欧洲不可能再产生其他国际货币；美洲其他国家与美国相比差距太大，新的国际货币几乎不可能产生。亚洲则不然，中国作为世界第二大经济体且保持稳定增长，国际贸易和国际投资发展迅猛，人民币汇率稳中有升，金融改革不断深化，拥有巨额的外汇储备作为担保，人民币离岸市场和离岸中心即将形成，区域经济影响力不断增强，国际政治经济地位显著提升，已经具备了一定的内在基础和外在条件，中国应抓住这一有利时机，积极推进人民币的国际化进程。

# 二、人民币国际化的特殊性分析

## （一）中国经济发展本身的特殊性

1. 经济总量的大国与人均 GDP 的小国。

改革开放以来，中国经济总量连上台阶，1979 ~ 2015 年，中国国内生产总值年均增长超过 8%，经济总量居世界位次稳步提升。1978 年，中国经济总量仅位居世界第十位；2008 年超过德国，居世界第三位；2010 年超过日本，居世界第二位，成为仅次于美国的世界第二大经济体。经济总量占世界的份额也由 1978 年的 1.8% 提高到 2015 年的 14%。中国已成为名副其实的世界经济大国，为人民币的国际化提供经济支持。

但是我们也应注意到中国的人均 GDP 还远远落后于主要国际货币发行国，甚至还远远达不到世界的平均水平。虽然进入 21 世纪以来中国人均 GDP 有了较快的增长，但在国际货币基金组织 2016 年 4 月 16 日发布的 2015 年世界人均 GDP 排名中，中国大陆仅以人均 7990 美元位列世界第 73 位，仍低于 10138 美元的世界人均 GDP 水平。可以毫不夸张地说，中国已成为人均 GDP 的小国。很多学者认为，人均 GDP 在一定程度上能够反映一国经济发展的质量，也是货币国际化的支撑基础之一。瑞士法郎能成为国际货币就是一个明证。从这一角度看，中国人均 GDP 较低的现状无疑将成为制约着人民币国际化推进的因素之一。

2. 国际贸易大国而非国际贸易强国。

改革开放以来，以比较优势发展对外贸易一直以来都是中国经济发展的重要战略，中国进出口贸易实现跨越式发展，取得了辉煌的成就。2013 年，中国货物进出口总额达到 4.16 万亿美元

（其中，出口 2.21 万亿美元，进口 1.95 万亿美元），超越美国成为世界第一货物贸易大国。

虽然中国对外贸易规模已经位居世界第一，但在国际贸易分工和国际贸易定价权等方面中国仍然处于弱势地位。中国出口的产品大多属于劳动密集型产品，多为出口加工贸易，产品附加值普遍较低，处于国际贸易分工的最底层，贸易谈判的议价能力微弱。而进口方面，由于中国的重要能源、原材料自给率不足，原油、铁矿石大半需要进口。2013 年 9 月，中国已经超越美国成为全球最大的外国石油消费国，日均进口的石油达到 630 万吨，2015 年全年原油进口率超过 60%。中国同时也是世界上最大的铁矿石买家，2015 年中国铁矿石进口 9.53 亿吨，进口量占全球的 60% 以上，铁矿石的对外依存度高达 84%。然而，国际原油和铁矿石目前仍处于卖方市场，中国虽为世界最大的进口国，却仍然不具备定价权，用人民币计价和结算的可能较低。

3. 金融市场规模巨大但金融体系不完善。

改革开放以来，中国金融市场从无到有、从小到大，形成了以银行业为主的货币市场和由股票和债券为主的资本市场，并逐渐形成规模。2013 年 7 月 1 日，英国《银行家》杂志公布了 2015 年"全球 1000 家大银行"榜单，按照一级资本排名，中国工商银行一级资本为 1606.46 亿美元，位居全球银行首位。建设银行紧随其后排名第二，中国银行排名第四，农业银行排名第六。福布斯 2015 年全球上市企业 2000 强榜单中，首次被中国四家银行占据前四强位置，分别是中国工商银行、中国建设银行、中国农业银行和中国银行，其中中国工商银行连续三年蝉联冠军。中国股市自股权分置改革以来，也发展较快。2010 年时中国股市的市值与营业额就已经超过了日本，仅次于美国股市，位列全球第二。截至 2015 年 12 月 31 日，A 股总市值又创出新高，达到 52.96 万亿元。

然而，中国金融市场巨大的市场规模难掩中国金融体系的相对落后：第一，国内金融市场缺乏层次、人民币投资产品种类贫乏；第二，人民币汇率仍然实行有管理的浮动汇率制，汇率市场化水平不高，汇率形成机制缺乏弹性；第三，人民币存贷款利率虽然容许浮动，但仍旧受中央银行的上下限管制，人民币利率市场化仍未完全实现；第四，人民币资本项目尚未完全开放，无法使人民币在境内外市场进行双向流动，境外人民币的回流渠道还不畅通。

## （二）人民币国际化路径的特殊性

迄今为止，世界上还没有一个发展中国家的主权货币成为国际化货币的先例，只有发达国家货币国际化的路径模式可以参考和借鉴。因此，人民币国际化路径与其他国家货币国际化路径相比必然会存在着明显的特殊性。

1. 与英镑路径比较的特殊性。

可以将英镑国际化路径总结为：英镑→殖民地化→国际化。英镑的国际化起步于英镑在殖民地的强行推广，得益于英国对国际金本位制操纵。可见，英镑的国际化路径是以英国的殖民统治和经济霸权为基础的，是历史特殊时期的结果，具有不可复制性。当今，走和平发展道路是中国社会发展的国际战略，不可能以对外侵略和经济霸权的形式来推动人民币的国际化。从这个角度分析，英镑路径对人民币国际化路径的借鉴意义并不大。

2. 与美元路径比较的特殊性。

可以将美元国际化路径总结为：美元→国际化。国际政治经济格局短期内不可能产生剧变，人民币国际化与美元相比面临更多遏制。美元代替英镑成为国际货币是在先后发生两次世界大战的大背景下发生的，原本的国际货币体系的霸主——英镑，因英国经济在两次大战中严重削弱而衰落。美国经济却因美国本土远离战场而迅速崛起，美元也在几乎没有太大阻力的情况下，通过国际制度安排来得以成为当时唯一的国际货币。但当今的时代背景不同了，和平和发展是当今时代的主流，虽然局部时常出现矛盾和震荡，但国际政治经济大格局在短期内仍然不会有大的变故。人民币不可能复制美元，通过制定新的国际货币制度来实现人民币的国际化。美元独大、欧元、日元等多种国际货币并存的格局仍将长期持续存在，人民币的国际化将面临在位国际货币的多方遏制。

3. 与欧元路径比较的特殊性。

可以将欧元国际化路径总结为：欧元→区域化→国际化。欧元的国际化路径是主要国际货币当中最特殊的，因为欧元从诞生之日起就是国际货币。欧元是国际货币史上的重大创新，是人类历史上第一个在区域货币合作背景下人为主动设计的超越国家主权的国际货币，是蒙代尔最优货币区理论的最佳实践。欧元的成功运行也为世界上其他货币合作区的实践提供了宝贵的借鉴经验。但目前就亚洲国家的具体情况来看，不管从国际环境、亚洲国家内部还是亚洲国家之间的经济政治现状来看，都不合适也不可能建立起亚元区。因此，人民币的国际化注定无法走区域货币合作之路。

4. 与日元路径比较的特殊性。

可以将日元国际化路径总结为：日元→不完全国际化→不完全区域化。日元的国际化可以说是建立在其强大的经济贸易实力基础上的，第二次世界大战之后日本经济的迅速复兴乃至成为世界第二大经济体常常被人们称之为不可思议的奇迹。然而，回顾日本经济腾飞的历史，我们不难发现日本经济的各个角落、各个时刻都有着美国的影子。因为没有第二次世界大战后美国的经济援助，日本经济不可能实现迅速复兴，甚至可能长时间处于百废待兴的情况。日本经济极度依赖美国，所以日本在制定经济政策时往往必须优先考虑美国的利益，造成日本政治、经济长时间缺乏独立性的局面。在日本甚至出现"美国打个喷嚏，日本就要感冒；美国要是感冒，日本就会得肺炎"的比喻，虽然不无夸张的成分，但这正形象地刻画出日本当时的小国地位。当前，中国已取代日本成为全球最大的贸易顺差国，人民币存在较大的升值预期，这些国际经济和金融环境看似都与当年日元国际化时所面临的环境颇为相似。但笔者认为，中国自身拥有日本所没有的大国地位和战略优势，将有利于避免人民币国际化重蹈日元的覆辙，"广场协议"将不可能在中国身上重演。

# 三、人民币国际化路径设计的基本<br>原则、总体思路及路径图

## （一）人民币国际化路径设计的基本原则

人民币国际化之路是一条渐进且漫长的路程，因此就需要我们设计出符合实际的人民币国际化路径，才能不至于让人民币在国际化的道路上迷失方向。笔者认为，人民币国际化的路径设计中必须坚持基本原则，且贯穿人民币国际化各个阶段的始终。

1. 人民币国际化地位应与中国的经济地位相符合。

按世界银行数据测算，2015 年 12 月，中国 GDP 已占全球 GDP 总量的 14.20%，仅次于美国的 23.15%。自 2013 年以来的两年中，人民币在货币交易量中的占比已增长逾 1 倍，约占全球外汇交易总量的 6%。在排名前十的货币中，人民币是唯一交易份额占比落后于经济总量占比的货币。2012 年 11 月，蒙代尔在中国证监会的演讲中就曾指出："现在人民币是世界前九大货币，但这一地位与中国的 GDP 和贸易规模不符。"目前，中国已

是世界货物贸易第一出口大国、第二进口大国。2010 年，中国超越日本，成为全球第二大经济体。可见，目前人民币的国际化水平已经明显滞后于中国经济的发展，人民币的国际化水平已无法匹配中国在全球经济中的地位，可以说，人民币国际化水平正制约着中国经济和对外经贸活动的进一步发展。

2. 人民币国际化的推进应与中国的金融发展情况相配套。

完善的金融体系是人民币国际化的基础和条件，没有完善的金融体系，一切推进人民币国际化的政策措施都难以实行。目前，人民币在资本项目下还不能自由兑换，国内金融市场的发展还不够健全，金融机构的市场竞争力还相对较低，金融体制的开放度也不够充分，国内企业应对汇率变动的准备仍然不足，资本项目可兑换的条件还不成熟，金融体系尚不完善。如果在短期内盲目地加快人民币国际化的步伐，短期内可能会获得一些"红利"，但最终很可能会过犹不及。所以，人民币国际化的进程必须围绕着中国金融的发展状况稳步推进，才会使人民币国际化不偏离中国的经济利益。目前，中国金融发展的当务之急就是加快人民币利率市场化和汇率形成机制改革，稳步推进人民币资本项目可自由兑换，这是当前阻碍人民币进一步国际化的主要因素。

3. 人民币国际化路径必须是一条独立自主的道路。

货币是国家主权的体现，这就决定了人民币国际化路径必须是一条中国政府自主选择、不受外界干扰的国际化道路。随着人民币国际化水平不断提高，必然会在亚洲范围内对日元和在全球范围内对美元形成货币替代效应，日元和美元必然会采取各种措施对人民币的国际化进行干扰与阻碍。例如，美国利用"广场协议"被迫日元升值，最终引起日元国际化出现停滞和倒退的惨痛经历就是给人民币国际化路径的最大警示——如果不坚持独立自主的国际化原则，国际化进程将会难以控制，甚至会出现国际化的逆转。

4. 人民币国际化必须具备完备的国际货币职能。

衡量一国货币国际化程度的标准有很多，大致可归纳为三方面：一国货币贸易结算功能的国际化、金融交易职能的国际化和价值储备职能的国际化。因此，人民币国际化也必须具有完备的货币职能，即同时具备国际结算货币、投资货币和储备货币等功能。这就需要我们在设计人民币国际化路径时必须采取完备性的策略，即以发展经济实力为后盾，以促进金融发展为支撑，以扩大对外贸易和对外投资为途径，同时建立起完备的人民币的流出和回流机制，构成人民币资金跨境流动的基本循环，只有这样才能让人民币的国际货币职能得到真正实现。

## （二）人民币国际化路径设计的总体思路

货币国际化存在不同的层次，通常情况下，一国货币在国际化的推进过程中都会遇到难度渐增的情况，因此，在设计人民币国际化路径时就应提前预料到这种情况，确立明晰的总体思路，有步骤、分阶段、渐进式地实现人民币的国际化战略。但值得注意的是，有步骤、分阶段、渐进式并不意味着不各个环节之间就是彼此割裂的，在人民币国际化推进的过程也并非严格按部就班地实现一个阶段后再推进另一个阶段，而是可以同时推进，只是每个阶段的侧重点不同而已。

1. 人民币国际化路径空间设计上大体应遵循由近及远的顺序。

从人民币国际化的流通空间来看，扩大人民币的流通范围应该按照由近及远的思路分三个阶段来推进，即"周边化→亚洲化→国际化"。人民币国际化第一阶段的目标是实现人民币在周边国家和地区进行流通并成为其官方储备之一。在这里所指的周边化国家和地区主要是指港澳台地区、东盟 10 国以及蒙古国、朝鲜、中亚各国等与中国相邻或接壤，且对人民币持欢迎态度的地区。目前亚洲的关键货币缺失，因此，人民币国际化第二阶段的目标是人民币成为亚洲地区的关键货币，在亚洲大部分国家和地区进行流通并成为亚洲国家的官方储备货币之一。人民币国际化第三阶段的目标是实现人民币的真正国际化，即人民币在国际间广泛流通，并成为国际贸易中常用的计价和交易货币，国际金融市场上常用的投资和融资货币，各国外汇储备中占有一定比重的储备货币。

2. 人民币国际化货币职能上应基本遵循先易后难的顺序。

人民币国际化货币职能的推进基本上需要遵从一个先易后难的次序，大体应按照以下三个阶段进行演进——"贸易计价结算货币—金融投资计价结算货币—储备货币"。第一阶段，人民币实现作为国际贸易计价结算的货币。目前，中国已经成为全球货物贸易的第一大国、出口第一大国、进口第二大国，依托中国在国际贸易中的优势地位，在全球国际贸易中逐步提升以人民币进行结算的比例是极为现实和可行的。第二阶段，人民币逐步成为国际金融市场上投融资的主要币种之一。这就要求人民币必须具备良好的币值稳定性和自由流通性，而实现自由流通性就要求人民币可自由兑换，但就目前情况来看，人民币实行可完全自由兑换仍需要很长一段时间。第三阶段，随着人民币国际化程度的不断加深，人民币逐渐成为世界各国政府和央行持有的国际储备货币，这也是人民币国际化货币职能的最终目标。

## （三）人民币国际化路径设计图

人民币国际化的路径在使用范围上遵循周边化→亚洲化→国际化"三步走"的战略，这一路径设计得到了多数学者的认同。从货币职能角度看，人民币实现国际化需要经历三个阶段：结算货币→投资货币→储备货币，这三个阶段也是学术界公认的人民币货币职能的"三步走"。后来由人民币适用范围的"三步走"

和人民币货币职能的"三步走"总结成两个"三步走"的人民币国际化路径。这两个"三步走"的人民币国际化路径是目前学术界影响比较大的一种观点。

但笔者认为,关于人民币国际化路径仍然需要我们进一步深入研究。目前来看,两个"三步走"的国际化路径无疑是正确的,但如果我们对其进行绝对化理解,就容易导致我们陷入一种思维错误即认为只有周边化,才能亚洲化,只有亚洲化,才能国际化。其实,这三个步骤是可以同时推进的,甚至还有可能出现这样的局面,即人民币在非洲已经得到了广泛使用,而在亚洲的某些区域还没有推广开来,所以我们不能把主要精力都用在周边化上。另外,人民币"三步走"的国际化路径,并不是设计出来就能自然实现的,还需要有配套的促进措施加以保证。不仅要不断深化与人民币国际化相关的国内配套改革,逐步实现人民币利率市场化、汇率市场化和资本项目可自由兑换,还要从国际贸易、国际投资、国际金融等方面为人民币的国际输出与回流打造渠道,同时政府还要围绕着人民币国际化路径的不同阶段积极与其目标国家签订货币互换协议,完善人民币离岸市场的建设,争取大宗商品的定价权,做好 FTA 的规划以及人民币对外直接投资的区域布局。只有这样才能形成一个系统的人民币国际化路径,人民币才能最终成为国际货币体系中与美元、欧元并驾齐驱的国际货币之一,并对推动新的国际货币体系改革起到重要作用。

笔者对人民币两个"三步走"的国际化路径进行了完善和补充(如图 4-1 所示)。需要强调指出的是,人民币两个"三步走"的国际化路径及其各种配套措施之间在实际操作中也不应该做绝对化理解,这一整套路径的各个步骤之间不是彼此割裂的,而是相互衔接、相互交叉进行的,而这种衔接与交叉恰恰说明,人民币国际化是一个错综复杂且循序渐进的过程。

```
┌──────────┐    ┌──────────┐    ┌────────────────┐
│ 货币互换协定 │───→│  人民币贷款  │    │  人民币离岸金融中心  │
└─────┬────┘    └─────┬────┘    └───────┬────────┘
      │               │                 │
┌─────▼────┐    ┌─────▼────┐    ┌───────▼────────┐
│ 跨境人民币结算 │───→│  人民币债券  │    │ 人民币汇率利率市场化 │
└─────┬────┘    └─────┬────┘    └───────┬────────┘
      │               │                 │
┌─────▼──────┐  ┌─────▼────┐    ┌───────▼────────┐
│ 大宗商品人民币计价 │ │  人民币投资  │    │ 人民币资本项目可自由兑换 │
└─────┬──────┘  └─────┬────┘    └───────┬────────┘
      │               │                 │
┌─────▼────────┐ ┌────▼──────┐   ┌──────▼─────┐
│人民币成为结算、计价货币│→│人民币成为投资货币│→ │人民币成为储藏货币│
└──────────────┘ └───────────┘   └──────┬─────┘
                                         │
┌──────────┐    ┌──────────┐    ┌───────▼────┐
│ 人民币周边化 │───→│ 人民币亚洲化 │───→│  人民币国际化  │
└─────▲────┘    └─────▲────┘    └──────▲─────┘
      │               │                 │
┌─────┴──────────┐ ┌──┴───────────┐ ┌──┴──────────────┐
│ 与周边国家签订FTA │ │ 与亚洲国家签订FTA │ │ 与主要贸易伙伴签订FTA │
├────────────────┤ ├──────────────┤ ├─────────────────┤
│ 对周边国家投资    │ │ 对亚洲国家投资   │ │ 对非洲、欧洲、美洲投资 │
└────────────────┘ └──────────────┘ └─────────────────┘
```

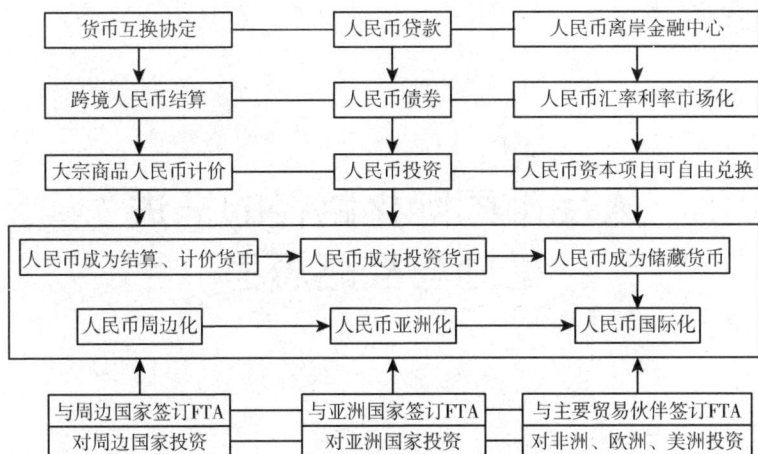

图 4 - 1　人民币国际化路径图

另外，我们不要认为人民币国际化路径设计出来了，人民币国际化就会自然而然地按此路径实现。我们必须制定切实有效的保障措施，才能保证人民币国际化能够按照我们设计的路径早日成为现实。否则就会是一纸空文，失去了研究的意义。

# 第五章

# 人民币国际化路径的推进
# 措施与战略思考

## 一、人民币国际化路径的推进措施

### （一）积极与目标国家签订人民币货币互换协议

货币互换指的是进行国际贸易的交易双方根据约定的汇率来交换等值的货币，然后再约定日期后还回各自原来持有的货币。货币互换协议诞生的本来目的在于降低筹资成本及防止汇率变动风险造成的损失。但对于中国来说，签订人民币与其他货币的互换协议可以看作是中国谨慎地向局部国家或地区提供流动性支持的一种方式，用来促进双方贸易和利用人民币进行计价和贸易结算的发展。因此，中国央行与他国央行签订货币互换协议，可以为实现人民币在更大范围内作为贸易结算货币打下了基础，也可视为作为人民币区域化和国际化的一种促进工具。

截至 2015 年 12 月，中国人民银行已与 33 个国家或地区的央行及货币当局签署了总额超过 3.3 万亿元的双边本币互换协议。具体到每一笔人民币互换协议的作用都有所不同。例如，与马来西亚和印度尼西亚互换，主要是为了便利双方经贸结算；与韩国互换，主要作用是方便韩国在华企业进行投资融资；与香港地区互换，是由于香港地区是人民币的集散中心，利用货币互换来提供人民币资金的供给；白俄罗斯则将人民币作为储备货币；而与阿根廷的互换，则为了在贸易中充当支付货币的角色。可见，货币互换协议已经使人民币在一些新兴市场和一些发达国家开始发挥着一定比例的结算、投融资、储备货币等作用。

可见，央行与各国已开展的货币互换，有效地促进了人民币在国际贸易和投资中的使用，提升了人民币国际化的水平。但目前存在的不足是已签订协议的国家并不是中国的重要贸易伙伴国，也不是世界上有很大影响的国家，所以今后中国应制定货币互换发展战略，进行合理规划，以实现人民币在全球范围内的定点布局。未来中国应将人民币货币互换的目标首先放在继续扩大与周边国家或地区之间的人民币互换协议的数量和规模上，其次是与具有重要战略关系的国家或重要物资进口国，如日本、欧盟、东盟、中东、印度、俄罗斯等国家或地区，可考虑与这些国家或地区签署货币互换协议或扩大货币互换规模，更有效地为人民币国际化服务，甚至可以探讨与美国签订"中美双方货币互换协议"的可能性。

## （二）简化人民币跨境结算审核流程

随着中国外贸的飞速发展，从20世纪90年代初开始，人民币开始少量地被应用于国际贸易的计价和结算中，但由于人民币并未开展跨境贸易结算，所以并没有显著地提升人民币的国际地位。2009年7月开始实施的跨境贸易人民币结算试点标志着人民币贸易化的全面启动。境外试点地域范围暂定为中国港澳地区和东盟国家。2010年6月，跨境贸易人民币结算试点地区扩大至20个省区市，且参与跨境贸易人民币结算的境外地域扩展到所有国家和地区。2012年3月跨境贸易人民币结算推广至所有进出口企业。跨境人民币结算自推出以来，人民币成交金额迅猛增长，统计显示，2012年全年跨境贸易人民币结算业务累计为2.94万亿元，较2011年的2.08万亿元增长41.3%，是2009年试点初期36亿元人民币的近817倍。汇丰银行2013年针对全球7大市场人民币跨境结算的情况做了深入的调查显示，中国内地市场跨境人民币使用程度已经占到了30%，香港地区使用程度更是高达了50%。现在，人民币在一些周边国家已成为仅次于美元、欧元和日元的第四硬通货。在与中国西南边境接壤的地区，人民币甚至有"小美元"之称。人民币在周边国家的地位显著提升。

可见，跨境人民币结算的快速发展对人民币国际化有着极大的推动作用。但值得注意的是，人民币跨境结算的境外使用率仍然很低，其中，汇丰银行的调查报告显示，英国和新加坡市场人民币的使用率只有11%，美国市场和德国市场为9%，澳大利亚甚至只有7%。这其中多数银行和企业因"相关规定不明朗"、"人民币跨境结算的手续和审核流程过于烦琐"等原因而至今未使用人民币跨境结算。可见，在风险可控的前提下，进一步简化跨境人民币结算手续和审核流程，清理不必要的政策管制，以便利银行和企业使用人民币进行跨境的结算，是进一步发展和推动人民币国际化的关键。

## （三）争取国际大宗商品人民币计价权

历史经验证明，一种货币要想成为国际货币甚至关键货币，往往是以国际大宗商品特别是能源的计价和结算的绑定为货币崛起的起点，从19世纪的"煤炭英镑"体系，到20世纪的"石油美元"体系，无不如此。以"石油美元"为例，现今美元在国际货币体系中霸主地位不仅仅源于美国自身经济的先进和发达，更重要的是美元在布雷顿森林体系解体后与黄金脱钩，转而与石油挂钩。凭借全世界对于石油的需求，持续产生对美元需求，形成了全球国家对美元的需求。在人民币的国际化路径构想当中，应该包括推进国际资源以人民币定价的进程，未来人民币如能与某种大宗商品挂钩，人民币国际贸易中计价结算职能必将得到极大的发展，其国际化进程就能够以几何数字速度推进。笔者认为，在中国要想谋图人民币大宗商品定价权，应从以下三个方向进行努力。

1. 石油人民币。

金融危机之后，美联储实行量化宽松政策，美元不断贬值，一些产油国政府开始与他国的石油交易中寻求非美元化，"石油欧元""石油日元"陆续诞生，国际石油定价货币呈现多样化趋势。与此同时，美国能源情报署（EIA）2013 年 10 月 10 日公布的数据显示，2013 年 9 月，美国日均石油消费量比国内日均石油产量多出 624 万桶，中国的这一数据则是 630 万桶。这说明，中国已超越美国，成为世界上最大的石油净进口国。在国际社会上，石油人民币标价的趋势日渐明显，"石油人民币"的呼声也日渐响亮。目前，中国已与伊朗、尼日利亚、委内瑞拉、苏丹等国家签订的"人民币—石油"交易结算，以及贷款换石油等协议，可以被看做"石油人民币"的一种尝试。在 2012 年 9 月召开的亚太经合组织（APEC）峰会期间，中、俄两国签署一项协议即俄罗斯同意中国用人民币购买任意量的石油。中国应借助这一有利势头，推行"石油人民币"，再逐渐寻求人民币成为其他大宗商品贸易中的计价结算货币。

2. 人民币计价的国际期货市场。

构建并发展人民币计价的大宗商品期货交易市场，是解决目前大宗商品美元定价的有效路径，有利于改善甚至重构大宗商品定价体系，最终确立大宗商品的人民币定价体系。在大宗商品的种类方面，中国可以考虑先从伊朗、俄罗斯西伯利亚的石油以及澳大利亚的铁矿与页岩气的进口价格和中国一些优势资源（如煤炭、稀土等）的出口价格开始起步。

3. 对石油、矿产等大宗商品开采企业股权进行跨国并购。

中国要培育具有国际影响力的人民币计价的大宗商品期货交易市场，必须有足够能力掌控国际大宗商品现货供应体系，而推进大宗商品开采企业股权的跨国并购是实现大宗商品现货掌控权的有效策略，为培育与发展人民币计价大宗商品期货交易市场提供交易标的的基础性保障，从而有利于推进大宗商品人民币定价权的实现进程。

## （四）适时推进跨境人民币贷款业务

跨境人民币贷款业务，理论上包含境外金融机构向境内发放人民币贷款和境内金融机构向境外发放人民币贷款两个方向。开展境外金融机构向境内发放人民币贷款业务能够打通境外人民币资金回流的新渠道；境内金融机构向境外发放人民币贷款能够为人民币流出开辟新路径。可见，开展跨境人民币贷款业务能够有效地推进人民币的国际化进程。但目前，跨境人民币贷款业务的发展还存在很多问题：

1. 境外金融机构向境内发放人民币贷款时机尚不成熟。

香港地区建立了全球最大的离岸人民币资金池，2014 年 10 月，人民币存款总额到达峰值 10035.57 亿元人民币，人民币贷款余额为 1680 亿元。2015 年以来资金池有所收缩，截至 2015 年 10 月末，人民币存款总额为 9604 亿元。但是，存款规模收缩的同时，香港的人民币贷款业务却在稳健地增长，增长到 2936 亿人民币。尽管如此，香港银行业人民币的存贷比也仅为 30% 左右，这与香港银行业平均的 80% 左右的存贷比例相距甚远。这是由于人民币目前资本项下不可自由兑换，国际上对人民币计价贷款的需求几乎为零，而目前中资企业在境外做人民币贷款并回流到内地使用的能力还非常有限，受到诸多限制。

2012 年 6 月设立的前海跨境人民币贷款业务的试点，成为人民币国际化先试先行的试验田。2013 年 1 月 28 日，深圳前海第一笔跨境人民币贷款项目在深圳签约，共有 15 家香港的银行与深圳市前海开发投资控股有限公司等公司签约 26 个项目，协议总金额约 20 亿元的人民币贷款，跨境人民币贷款业务发展取得阶段性成果。但据笔者了解，目前监管机构对前海跨境人民币贷款的监管仍非常严格，审批进程需要 2 ~ 3 个月，而内保外贷一般只需要 1 个月。汇丰深圳分行副行长、工商金融服务总监梁宇在接受采访时透露，首批 20 亿元的跨境人民币贷款额度中，截至 2013 年末大部分签约的企业未能支取贷款。这是因为，根据央行发出的《前海跨境人民币贷款细则的规定》，符合条件的境内贷款企业必须是在前海注册成立并在前海实际经营或投资的企业，并需要在办理贷款业务前通过境内结算银行向中国人民银行深圳市中心支行提交备案申请。除此之外，中国人民银行深圳市中心支行还会对前海企业获得香港人民币贷款实行余额管理。用香港一家商业银行专门从事企业贷款的人士坦言，"（程序）太麻烦了。而且每一笔用途都要说明，这笔贷款从香港的银行划拨到国内对应的分支之后，还要被先冻结，贷款企业要提交相应文件才能够从境内分支提取款项。"

笔者认为，跨境人民贷款的推广还未到合适时机。目前人民币汇率形成机制和利率市场化改革还正在进行中，境内外人民币贷款必然会存在一定的利率差，大量的、低息的境外人民币贷款回流后必然会造成对境内的信贷市场的冲击，造成央行的宏观货币调控政策低效甚至失灵。为了规避风险，央行及外汇管理局只能加强对借入人民币用途的监管力度，实施严格的备案制度及有效的贷后监督机制。防止企业拿到境外金融机构的贷款后转贷，从中赚取息差而扰乱内地信贷市场。在汇率形成机制和利率市场化改革完成之前，央行的监管短时间内不会放开。但从长远看，跨境人民币贷款机制迟早是要建立起来的。

2. 境内金融机构向境外发放人民币贷款无人问津。

境内金融机构向境外发放人民币贷款一直以来都是与贸易有关的贷款，但由于中国目前资本项下人民币尚未可自由兑换，国际其他领域对人民币计价贷款的需求几乎为零。直至 2013 年 1 月 24 日，花旗银行（中国）才与一家欧洲食品公司完成了全球第一笔对外国企业的人民币境外放款。2013 年前海的跨境人民币贷款业务也在全国率先破冰，从 2013 年 1 月 22 日启动到 2015 年 3 月底，前海跨境贷备案金额达到 911 亿元人民币，提款仅为 228 亿元人民币。但笔者认为，人民币资本项目一旦开放，将来境外企业借入人民币的意愿必将得到增强。

### （五）大力发展人民币计价债券

对于离岸人民币市场来说，离岸人民币债券（又称"点心债"）是重要的投资渠道之一。国家开发银行 2007 年 6 月 26 日宣布将在香港发行约 50 亿元人民币债券，开创内地金融机构在境外发行人民币债券之先河。2010 年，中国人民银行和香港金融管理局允许非中国籍参与者进入离岸人民币市场，离岸人民币债券发债主体开始多元化，分布于拉丁美洲、欧洲、韩国、美国等地区，并且开始出现越来越多的次主权和超主权机构参与者。事实证明，这些举措不仅巩固了香港的国际金融中心和人民币离岸金融中心的地位，更加快了人民币国际化步伐。目前，人民币正面临着一个发展离岸人民币计价债券的绝佳机遇。金融海啸已经使得美国元气大伤，美联储不断执行量化宽松的货币政策，美元面临贬值的风险；欧元区国家更是深陷欧债危机的泥潭而不能自拔。在国际金融市场上，无论是以美元还是欧元计价的投资品，已经不再是市场追逐的对象，而离岸人民币计价债券正渐渐得到市场的青睐。如果人民币能够抓住这次机遇，积极地向国际市场推行人民币计价债券，特别是大幅度提供以国债和地方政府债券为主要品种的理财产品，培育境外人民币资产性需求，使得国际社会上拥有大规模的中国债券，那么成为中国债权人的国家必然与中国形成了利益相交体。届时，人民币国际化进程必将出现实质性的进展，人民币也必将在国际货币体系中占有重要的一席。

　　"熊猫债券"① 与"点心债券"并称是促进人民币成为国际化投资货币的双引擎。在中国境内金融市场发行熊猫债券，对于人民币国际化意义非同一般。首先，熊猫债券的发行，意味着中国债券市场上首次引入了国际发行机构，标志着中国在放开资本项目管制进程中迈出了一个尝试性的步伐。其次，熊猫债券的发行，开启了人民币作为投资货币的序幕，这是人民币国际化进程中非常重要的一步。早在 2005 年 2 月，人民银行、财政部、发改委和证监会联合发布《国际开发机构人民币债券发行管理暂行办法》，就为熊猫债券的发行提供了法律规范。2005 年 10 月，国际金融公司（IFC）和亚洲开发银行（ADB）分别获准在我国银行间债券市场分别发行人民币债券 11.3 亿元和 10 亿元。然而，中国熊猫债券虽然起步较早，但发展却比较迟缓。此后 2006 年 11 月国际金融公司又一次发行 8.7 亿元熊猫债券，2009 年 12 月亚洲开发银行再次发行 10 亿元熊猫债券。此后，中国债券市场便再也没有出现过熊猫债券的身影，熊猫债券自诞生之日至今，9 年的时间累计发行总额仅为 40 亿元。学术界普遍认为，

---

　　① 熊猫债券（panda bonds）是指国际多边金融机构在华发行的人民币债券。根据国际惯例，国外金融机构在一国发行债券时，一般以该国最具特征的吉祥物命名。据此，时任财政部部长的金人庆将国际多边金融机构首次在华发行的人民币债券命名为"熊猫债券"。

导致熊猫债券发展迟缓的原因主要有：一是中国资本项目还不能完全自由兑换，长期以来外汇管制较为严格，导致以债券形式为媒介的资金无法自由流动；二是目前熊猫债券发行主体限制过严，且发行审批流程复杂，发行周期较长，发行成本较高。中国已将"逐步实现人民币资本项目可兑换"的目标写入"十二五"发展规划。在中国资本项目逐渐放开的背景下，中国该如何做大做活熊猫债券？一是适时取消对熊猫债券发行主体的限定，代之以对发行额度的控制。建议对所有符合条件的各类境外企业开放内地债券市场，实现发行主体的多元化，仅在发行额度上实行上限控制。二是逐步减少行政审批，促进市场创新，有效降低发行融资成本，增加对境外发行者的吸引力。

## （六）规划人民币对外直接投资布局

据中国商务部统计，2015 年中国境内投资者共对全球 155 个国家和地区的 6532 家境外企业进行了非金融类对外直接投资，累计实现非金融类直接投资 7350.8 亿元人民币。但报告同时也指出，目前中国人民币境外直接投资的地域比较集中，多集中于中国香港地区、新加坡等华人居住的地区，跨境直接投资地域急需布局。在布局跨境直接投资的地域布局时我们也应与人民币国际化"三步走"相配合：一是配合人民币周边化阶段大力发展向周边的国家和地区的直接投资；二是配合人民币亚洲化阶段努力发展向亚洲区域内的国家和地区直接投资；三是配合人民币国际化阶段积极向非洲、欧洲、美洲和大洋洲直接投资。

同时，笔者认为，随着中国对外直接投资额逐年增长和中国对外直接投资范围的不断扩大，中国应有意识地在已开放的资本账户下，鼓励中国企业使用人民币开展对外直接投资和并购活动。当然，中国在跨境投资的过程中，既需要人民币，也需要外币。在鼓励企业对外投资过程中使用人民币的同时，可借助中国拥有的巨额美元储备，对中国企业的美元需求给予有力支持，在美元输出的同时带动人民币输出，逐渐增加以人民币为货币的对外直接投资中的比重。

### （七）建立人民币离岸金融中心

离岸金融中心对于推动主权货币国际化的作用不可小觑。要想实现人民币真正的国际化，建立人民币离岸金融中心，最终实现人民币可兑换，是必然要经历的过程。笔者认为，推进人民币离岸金融中心的建立时，也应与人民币国际化的"三步走"相配合。

1. 建立香港人民币离岸金融中心，促进人民币周边化。

人民币国际化"三步走"的第一步是人民币的周边化。就目前人民币国际化的发展现状来看，人民币周边化的区域目标已基本达成，与其相适应，香港也凭借其紧邻大陆，辐射东亚及东南亚的区位优势，迅速发展香港的人民币离岸业务，成为目前全球最大的离岸人民币资金集散地、人民币贸易结算中心和离岸人民币债券中心，香港已成为全球第一个人民币离岸金融中心。

2. 建立新加坡人民币离岸金融中心，促进人民币亚洲化。

人民币国际化"三步走"的第二步是人民币的亚洲化。人民币亚洲化进程中，东盟起着举足轻重的作用。东盟是中国重要的贸易伙伴，双边贸易规模多年来不断增长，随着中国—东盟自由贸易区的如期建成，中国和东盟各国的贸易规模在持续扩大，人民币完全具有在这一自贸区内广泛使用的潜力。在这一阶段，我们应该选择新加坡作为人民币离岸金融中心。新加坡作为人民币离岸中心最突出的优势就是其特殊的贸易地位。东盟和中国贸易量巨大，新加坡如果作为人民币离岸金融中心可以使人民币通过贸易渠道流入东盟地区，对于促进东盟各国对人民币的接受和使用无疑将起到巨大推动作用。新加坡金融管理局副局长王宗智曾公开表示了对新加坡成为人民币离岸金融中心的希望和信心，"随着人民币国际化，新加坡显然能够发挥它的作用。作为国际和区域金融中心，新加坡将能够为离岸人民币的发展提供支持。"

3. 建立伦敦人民币离岸金融中心，促进人民币国际化。

人民币"三步走"的最后一步是人民币的国际化。在第三阶段应选择伦敦作为人民币离岸金融中心。伦敦是国际上最重要的金融中心之一，不论是固定收益类产品，还是外汇产品的交易量，在世界上都首屈一指。伦敦作为全球最重要的金融中心，是全球最大的外汇交易中心，每天的交易量占全球的1/3，对提升人民币在全球金融市场的认可度有很大的好处。伦敦人民币离岸金融中心是对香港人民币离岸金融中心的一个很好的补充，可以为欧洲、中东、非洲和美洲的机构投资者提供进入人民币市场的路径。同时，伦敦人民币离岸金融中心的建立也将提高国际金融市场对人民币地位的认可程度。

## （八）加速人民币汇率形成机制和利率市场化改革

历史和国际经验均表明，利率市场化、汇率市场化、货币国际化这"三化"问题环环相扣，有协调配合、相互促进的关系。针对如何稳步推进汇率和利率市场化改革，周小川提出：首先，继续完善人民币汇率市场化形成机制，根据外汇市场发育状况和经济金融形势，有序扩大人民币汇率浮动区间，增强人民币汇率双向浮动弹性，保持人民币汇率在合理均衡水平上的基本稳定；进一步发挥市场汇率的作用，央行基本退出常态式外汇市场干预，建立以市场供求为基础，有管理的浮动汇率制度。其次，加快推进利率市场化改革。着力健全市场利率定价自律机制，提高金融机构自主定价能力；做好贷款基础利率报价工作，为信贷产品定价提供参考。

1. 完善人民币汇率形成机制。

人民币要实现国际化，其本身要求人民币是一种市场化的货币。人民币现行的汇率制度实质上是一种钉住美元的固定汇率制度，这种汇率制度存在缺乏准汇率的确定依据，汇率变化缺乏弹性，其形成汇率的外汇市场不完善等天然缺陷。当前的汇率制度不能满足中国对外经济的发展，更是对人民币国际化形成了阻碍。针对人民币汇率制度的调整方向，国际货币基金组织提出了很多建议：逐渐增加汇率弹性，有助于中国加快融入世界经济及推进结构性改革；更多地使用汇率波动区间，鼓励使用汇率波动区间并逐渐放大波动空间；在放宽汇率波动区间的基础上，改为盯住一篮子货币。

2. 推进利率市场化改革。

利率市场化是指把利率的决定权交由市场主体自主决定的过程。人民币已经开始步入国际化的进程，意味着人民币已经不再仅仅是国内资本的载体，也将逐渐成为国际资本的载体。中国目前推行的是有管理的利率制度，利率没有充分市场化，利率缺乏弹性，目前已成为制约推进和实现人民币国际化的主要障碍之一。因此，实现中国利率市场化是人民币国际化进程的必然要求。

笔者认为，人民币利率市场化改革应先确定基准利率，然后再有计划、有步骤地加快利率市场化改革步伐。

（1）利率基准利率选择。人民币基准利率应由金融市场形成，央行可根据世界各国的成功经验，在同业拆借利率、短期国债利率和国债回购利率中选择基准利率，其余利率则通过间接调控手段予以调节。笔者推荐央行在借鉴伦敦同业拆放利率规范，完善中国银行同业拆放利率的同时，加强人民币国债市场建设，在公开市场上形成短期国库券利率，并在这两个利率基础上形成人民币市场基准利率。

（2）具体实施步骤。人民币利率市场化改革在实施过程中，应先放开金融市场利率，再扩大商业银行的利率自主权；先放开贷款利率，再放开存款利率。

### （九）逐步实现资本项目可自由兑换

主权货币的国际化之所以能够被国际社会广泛认可，其先决条件是主权货币全面可自由兑换，即本币不仅在经常项目，而且在资本项目都是可以自由兑换的。因此，如何加快实现人民币资本项目可兑换，便成为人民币国际化路径上急需解决的重大问题之一。虽然人民币资本项目开放是必然趋势，人民币完全可兑换也具备了初步的条件，但由于资本项目开放较之经常项目开放具有较大的风险，所以就要求我们在人民币资本项目开放中应遵循"主动、渐进、可控"的原则，循序渐进，有条不紊地推进人民币完全可兑换的进程。笔者认为人民币资本项目开放的顺序应为：（1）提高个人和企业兑换外汇的额度；（2）允许个人和企业向境外汇出与第一步相同额度的人民币；（3）增加境外金融机构进入国内市场的人民币额度；（4）提高 QFII 对境内资本市场投资、外汇投资的额度；（5）允许境外企业在境内市场融资，并可将融资兑换成外汇；（6）在汇率和利率达到市场化后，人民币资本项目可自由兑换。

# 二、人民币国际化路径的战略思考

## （一）巩固人民币国际化的政治经济基础

1. 保持中国经济持续、健康、稳定增长。

中国必须具备强大的经济实力，这是人民币成为国际货币的首要条件，也是树立国际社会对人民币信心的基础。中国改革开放30

年来，经济总量保持连续多年的高速增长，年均增长率达到 9.6%，这在世界经济发展史上也是不多见的。2012 年，中国 GDP 已达到 8.25 万亿美元，占世界 GDP 总量的 11.57%。中国经济现已超越日、德、英、法等国，仅次于美国，居世界第二位。如果中国经济保持持续、健康、稳定增长，人民币国际化的路程将不会太遥远。

　　然而，在中国经济的高速增长中，我们也应该看到存在的问题。目前，中国经济增长仍存在两个问题：一是经济增长是依赖高投入、高投资的模式实现的，且效率不高；二是中国原材料高度依赖国际市场，如石油、铁矿石等，经济增长受世界波动影响较大。要解决以上问题，中国应在以下两个方面进行改进。

　　第一，转变经济增长模式。在资源有限的制约下，中国现有的粗放式经济增长将难以为继，经济结构转型成为必然选择。宏观上，中国应大力发展第三产业并且逐步成为经济增长的主要动力。这就要求中国改变"城乡二元结构"的现状，将农村发展纳入整个社会经济框架之中，在城乡统筹发展中充分利用农村劳动力的资源优势，挖掘中国巨大的国内市场潜力。微观上，中国企业必须提高自身竞争力，加大科技研发，提升资产设备技术含量。购买欧、美、日等先进国家的技术专利和设备是目前最便利最高效的途径方式。目前，在弱美元走势下，人民币实际汇率对美元呈现升值趋势。这意味着中国企业如果购买国外专利技术，支付成本将会大大减少，中国企业应积极地抓住这一机遇。

　　第二，全球性的战略思想。随着中国经济的发展，中国经济对国际经济的依赖度逐年上升，特别表现在能源和资源等方面。为改善这一现状，中国应积极着眼于全球，鼓励中国企业进行对外投资，特别是积极开拓国际资源市场，运用多种手段，在全球范围内谋求资源的最优配置。

　　2. 确保中国政治、社会环境稳定。

　　蒙代尔曾经在文章中指出："货币国际化虽然是经济问题，

但也需要强有力的政治环境提供保障。正如某个历史事实（美元国际化）所表现的一样，强有力的政治创造了强有力的货币。"可见，货币发行国自身的政治、社会环境的稳定性也是货币国际化的基础条件之一，政治、社会环境稳定会对本国经济和本币币值的稳定性形成强有力的支撑，能够保障非居民持有的该国金融资产的安全性，增加国际社会对持有本国货币的信心，增强该国货币在国际市场的信誉度。

（1）保持政治稳定。在政治制度方面。1997年对香港恢复行使主权后，中国成为全世界唯一一个多种经济制度和社会制度并存的国家。保持这一政治制度的稳定，将有利于人民币在国际化进程中发挥不同社会制度的优势，并有利于中国与不同社会制度、不同发展水平的国家和地区取得政治互信。如果在未来的时日，台湾问题能够得到妥善解决，这一政治制度的优势将会更加突出。同时，在国际上中国要强化国际政治地位。中国是世界上最大、人口最多、综合实力最强的发展中国家，是联合国安理会五大常任理事国之一，在国际事务的决策上有着较大的国际影响力。保持这一现状将有利于人民币国际化得到国际社会支持，减少人民币与其他货币的国际竞争。

（2）保持社会稳定。邓小平同志曾强调："稳定压倒一切"。稳定是社会和谐的首要条件，更是经济发展的重要保障。中国共产党在执政中一直以来贯彻全心全意为人民服务的根本宗旨，致力于不断实现好、维护好、发展好最广大人民根本利益。中国政府一直以来把人民群众的满意作为加强和创新社会管理的出发点和落脚点，努力保障和改善民生，致力于解决好人民群众最关心、最直接、最现实的利益问题。改革开放以来，中国社会长期稳定，各民族和谐共存，这为中国经济的持续稳定增长和人民币走向国际化创造了有利条件。

（二）增强人民币国际化的贸易基础

1. 实现由贸易大国向贸易强国的转变。

2013 年中国货物贸易进出口总值达到 4.16 万亿美元，超越美国成为世界第一贸易大国。但与欧美等发达贸易强国相比，无论是在出口产业结构、产品技术含量、创新能力和品牌建设方面还是人均贸易规模和盈利能力等方面都存在着很大差距。2011年商务部研究院公布了名为《后危机时代中国外贸发展战略研究》的报告，提出未来 20 年中国对外贸易发展要实现"从大到强的转变"，在第一个 10 年，巩固中国贸易大国的地位，逐步推动中国向贸易强国发展，而在第二个 10 年，即到 2030 年前后"初步实现中国贸易强国的目标"。笔者认为，中国要想实现贸易大国向贸易强国转变，需要从以下五点入手。

（1）从粗放型贸易向集约型贸易转型。长期以来，一直注重量的增长的粗放式贸易扩张在给中国带来外贸出口高速增长的同时，也使中国现在和未来面临诸多问题：一是长期处于中低端的国际市场地位，出口产品的单位附加值较低，国民福利提升不明显；二是贸易条件不断恶化，粗放式的贸易扩张使得中国与一些发展中国家和部分发达国家中同类产品、同类产业形成竞争，导致贸易摩擦频出。可见，中国的外贸模式必须改变。然而，贸易发展方式转变的基础是整个国家产业结构的优化升级，只有中国经济从粗放型经济转向集约型经济，才能使中国对外贸易增长模式由粗放型贸易向集约型贸易转变。

（2）从出口导向型向优势导向型转型。在改革开放初期，中国选择出口导向型的外贸发展模式无疑是正确的，但国际贸易形势日趋变化和中国经济日趋发展的今天，出口导向型的外贸发展模式的弊端已逐步显现。从国际贸易的发展趋势来看，将比较优势、规模优势和技术优势结合起来的优势导向型①外贸发展模式正逐步取代以比较优势为导向的外贸发展模式。因此，中国外贸要想在未来实现从规模速度的量变向质量效益的质变的提升，就必须将比较优势与新技术优势有机地结合起来，推动中国外贸从出口导向型发展模式向优势导向型发展模式转变。

（3）从货物贸易为主向货物、服务并重转型。20世纪80年代，国际服务贸易开始进入快速发展期。服务贸易逐渐成为各国新一轮竞争的焦点和高层次参与经济全球化的重要途径。可以说，发展服务贸易已成为一种全球化的趋势。目前，中国服务贸易的发展还比较落后，在全球服务贸易格局中仍居于弱势地位，且长期处于逆差状态。因此，中国必须要加快发展和优化服务贸易，大力发展传统服务贸易规模的同时，积极发展现代服务贸易。只有这样才能真正提升中国服务贸易的质量和效益，提高中国参与国际分工和竞争的能力。

（4）从"中国制造"向"中国创造"转型。发展加工贸易是经济全球化下发展中国家参与国际分工和国际贸易的有效途径之一，也是全球化趋势下推进中国工业化进程的最优选择。目前，中国加工贸易大多数产品还属于中低技术和劳动密集型的产品，产品附加值很低。促进加工贸易的转型升级，成为目前中国经济发展的重中之重。这就要求强化政府对中国加工贸易的政策引导，加大先进技术的引进力度，增加自主创新和研发的资金投入，只有这样才能使中国贸易快速实现由"中国制造"向"中国创造"的跨越，提升中国在全球产业链中的分工地位。另外，时至今日，中国仍然没有一家真正属于自己的顶级品牌，贴牌生

---

① 优势导向型外贸发展模式，是在充分发挥本国比较优势的基础上，通过培育结构创新、技术创新和制度创新等新途径，实现一国出口产品和产业国际竞争力迅速提高的发展模式。

产依旧是中国制造的主要方式。最主要原因是中国制造业仍处于初级阶段，企业没有培养品牌的意识。但值得欣慰的是，随着中国从制造大国向创造大国转变步伐的逐渐加快，以联想、海尔等为首的中国企业开始技术突围，已经步入全球领先企业的行列。相信随着越来越多中国品牌的诞生，中国将彻底告别"中国制造"，走向"中国创造"。

（5）从以发达国家市场为主导向多元化市场结构转变。因为中国的经济结构与发达国家具有较强的互补性，所以一直以来中国在外贸市场结构上表现为对发达国家市场的相对依赖性，对美、日、欧等发达国家的贸易量一度占到中国贸易总额的 70%～80%。过于集中的对外贸易市场结构，大大降低了中国抵御国际市场风险的能力。今后，中国的外贸市场战略也应顺应国际经济发展的潮流，规避国际市场风险。在巩固和深化欧洲、北美、日本等传统外贸市场的同时，要积极开发和拓展东南亚、俄罗斯、东欧、中东、非洲和拉丁美洲等新兴外贸市场，逐步实现以发达国家和新兴市场为重点，以周边国家贸易为支撑，发达国家和发展中国家市场合理分布的多元化对外贸易市场结构。

2. 通过签订 FTA 促进人民币国际化进程。

货币从跨越国界之初就是和贸易联系在一起的。货币的区域化和国际化是在国际贸易基础上发展起来的，在首先执行货币的计算、计价、投资职能之后才逐步具有贮藏甚至世界货币的职能。从欧元、美元、日元的区域化和国际化经验也能看到自由贸易区（如欧盟、北美自由贸易区、亚太经济合作组织等）的发展极大地促进了国际贸易，从而促进货币的区域化和国际化。自中国加入WTO 之后，已在建的有 18 个自由贸易区，涉及 31 个国家和地区。其中，已签署自贸协定 13 个，涉及 21 个国家和地区；正在谈判的自贸协定 8 个，涉及 24 个国家。此外，中国已完成了与印度的区域贸易安排（RTA）联合研究；正与哥伦比亚等开展自贸区联合可行性研究（见表5－1）。但是，目前来看中国签订的 FTA 并没有明确的战略布局。笔者认为中国今后的 FTA 签订目标应与人民币国际化路径有机地结合起来。签订 FTA 也应分为三个阶段，这三个阶段，既要有所侧重又要不失时机地同时推进。

第一阶段，应与周边国家签订 FTA，以点带面，最后形成环中国自由贸易区，促进人民币的周边化发展。首先，中国应积极与周边未签订 FTA 的国家建设自由贸易区，如中哈自由贸易区、中俄自由贸易区、中日韩自由贸易区等等；其次，中国协调众多区域合作机制，以中国为中心尽可能多地把自由贸易区整合起来；最后，形成"环中国自由贸易区"的战略部署。

第二阶段，应与亚洲国家签订 FTA，最终形成亚洲统一市场，促进人民币的亚洲化发展。中国目前已经积极地参与亚太经济一体化建设。比如在亚行的"大湄公河次区域经济发展"等计划中，中国成为发起国之一。同时，中国也积极与亚太各国进行自由贸易区的谈判。比如中国和韩国、日本、澳大利亚等都开始或着手进行双边自由贸易区的构建。相信不久的将来这些措施能结出硕果。

第三阶段，与主要贸易国甚至世界更多国家签订 FTA 协定，加快人民币的国际化进程。

表5－1　　　　　　　中国签订自由贸易区的情况

| | |
|---|---|
| 已签协议的自贸区 | 2003 年 内地与港澳更紧密经贸关系安排<br>2002 年 中国—东盟自由贸易区（2010 年全面建成）<br>2006 年 中国—智利自由贸易区<br>2008 年 中国—新西兰自由贸易区<br>2008 年 中国—新加坡自由贸易区<br>2009 年 中国—巴基斯坦自由贸易区<br>2009 年 中国—秘鲁自由贸易区<br>2010 年 中国—哥斯达黎加自由贸易区<br>2013 年 中国—冰岛自由贸易区<br>2013 年 中国—瑞士自由贸易区<br>2015 年 中国—澳大利亚自由贸易区 |

续表

| 正在谈判的自贸区 | 中国—海合会自由贸易区<br>中国—挪威自由贸易区<br>中国—韩国自由贸易区<br>中日韩自由贸易区<br>《区域全面经济合作伙伴关系》（RCEP）<br>中国—斯里兰卡<br>中国—马尔代夫<br>中国—格鲁吉亚 |
| --- | --- |
| 正在研究的自贸区 | 中国—印度自由贸易区<br>中国—哥伦比亚自由贸易区<br>中国—摩尔多瓦<br>中国—斐济<br>中国—尼泊尔 |

### （三）打造人民币的国际投资基础

从英国、美国的成功经验看，英镑和美元的国际化都经历过工业强国、出口大国和投资强国三个阶段。目前，中国对外直接投资发展较快。据中国商务部统计，2015 年中国境内投资者共对全球 155 个国家和地区的 6032 家境外企业进行了非金融类对外直接投资，累计实现非金融类直接投资 7350.8 亿元人民币。中国现已跻身全球三大对外投资体之列。但由于起步晚、基数小，存量仅占全球的 2.3%，相当于美国对外投资存量的 10.25%。

1. 持续扩大对亚非国家（地区）的投资。

（1）扩大中国对亚洲国家投资的规模和范围。内地对外直接投资对发展中国家特别是亚洲地区投资的比例非常高，2012年的 74% 的对外直接投资集中在亚洲地区。中国已经成为周边其相对贫穷的亚洲邻国的重要投资来源，中国的经济影响力已经开始向周边邻国以及亚洲扩展开来。

对于邻国而言，中国经济实力的强大也使那些相对贫穷的经济体看到了发展机遇——中国可以向南亚和东南亚发展中国家提供资金和技术，有时还提供劳动力，帮助它们进行自己远没有能力去建设的工程，如大型水坝、高速铁路网和港口等。因此，亚洲国家纷纷向中国伸出了橄榄枝。泰国驻南宁总领事吉达蓬在向中国引进外资时介绍说："泰国堪称东盟枢纽，交通四通八达"，泰国还出台了众多鼓励外资的政策，"具体措施包括减免外资企业所需的机械和原材料的进口关税；豁免最多8年的企业所得税；允许外国投资者拥有土地所有权；引进外国专家和技术人员时简化签证手续等。"希望吸引中国企业前往投资。柬埔寨希望通过人力资源优势吸引中国企业投资。柬埔寨王国驻南宁领事馆领事高屯在中国南宁招商引资时，这样介绍："柬埔寨国家人口超过1400万人，其中51%的人处于就业年龄。与其他亚洲国家相比，柬埔寨的劳动力成本非常低，非熟练工人的工资仅为每月60美元。"老挝则打出"资源牌"。老挝驻南宁领事馆总领事潘坎·尹他波里介绍说："老挝森林覆盖率达45%，森林资源丰富，同时还蕴藏铁矿、金矿、铜矿等矿产资源，希望中国企业前去考察、投资。"这对中国而言是一次难得的历史机遇。

东盟已成为中国对外直接投资的第四大经济体。截至2015年年底，中国对东盟国家直接投资累计超过1500亿美元，投资领域也从传统的建筑行业、工程承包延伸至新能源和制造业等行业。可见，中国已在亚洲开始逐渐建立起亚洲出资人、设计师和建筑师的角色地位。

（2）加强对非洲双边经贸合作和发展援助。美元和日元的国际化经验告诉我们，政府通过有意识地引导和推动对外直接投资和援助资金用于双边经贸合作和发展援助计划，可以使本国货币快速进入接受投资国和受援国市场，从而加速实现货币国际化的目标。美国的马歇尔计划和日本的官方发展援助计划都在其货币国际化进程中发挥过积极的作用。

非洲地区虽然经济普遍落后，但却拥有非常丰富的矿产资源。非洲的铂、锰、铬、铱等矿藏占世界总储量的 80% 以上，黄金、钻石、钴、锗、磷酸盐等矿藏占 50% 以上，铀、铯、铝矾土等矿藏占 30% 以上，非洲的石油资源也非常丰富，已探明的储量约 90 亿吨，是世界八大产油区之一。2000 年以来，中非贸易快速增长。中国对非洲自然资源的需求，帮助非洲重塑在全球市场上重要商品供应地的地位。与此同时，非洲对中国的制成品和机械的需求也不断增长。两者之间的互补性，将使中非贸易热潮具有持续性。另外，中国还通过直接投资等方式对非洲的资源和能源进行开采及加工合作，一定程度上起了为中国资源供给保驾护航的作用。国际金融危机后，欧美国家纷纷从非洲撤资，中国则借此时机加大了对非洲投资力度，中国现已成为一些撒哈拉以南非洲国家外国直接投资的主要来源，且在非洲地区的投资覆盖率高达 81.4%，中国已经成为投资非洲新的领军者。同时，随着中国对非洲援助项目的逐渐增多，今后有必要推进对外援助项目资金使用的人民币化，逐步改变目前对外援助以美元结算为主的形式，加强人民币在国际援助体系中的使用，推动人民币对外援助渠道，更多地进入非洲受援国市场。

2. 改善对欧美国家对外直接投资的结构。

随着中国经济实力的不断增强和中国外汇储备的不断增多，中国正逐渐转变成为一个国际资本输出大国。在新的时期，中国政府提出了大力调整产业结构，加速对外直接投资的方针政策。

2008 年美国次贷危机爆发，随后欧元区又发生主权债务危机，全球经济复苏缓慢，发达经济体资产价格大幅缩水，在此时进行海外并购有利于中国降低投资成本，中国投资境外资产迎来前所未有的机遇。2013 年中国对美国、澳大利亚、欧盟的投资分别实现了 290%、93% 和 50% 的高速增长。这与经济危机导致发达国家资金紧张有密切关系。笔者认为，中国投资境外资产不能盲目抄底，应该有所选择。

（1）对高科技产业并购投资。中国应将投资目光投向发达国家的技术领域，学习和借鉴国外先进的管理和技术，通过直接投资，掌握其核心技术，带动国内产业升级。这将极大地增强中国企业的国际竞争力，掌握产品人民币定价权，推进人民币在国际贸易中施行计价和结算货币职能。

（2）对战略性资源的投资。这一类资源包括石油、铁矿石、铜等，对于此类投资中国企业应在开采环节上进行投资。主要措施有跨国并购、合资开发、增资入股以及绿地投资。一旦中国企业从源头上控制了开采权，便能使中国企业在国际市场上拥有产品的议价权和定价权。

### （四）夯实人民币国际化的金融基础

如前所述，中国在经济总量上全球排名第二位，在对外贸易上全球排名第一，在对外直接投资上全球排名第三。相比之下，中国在金融方面只有外汇储备指标全球排名第一，其他各项金融指标均相对落后，人民币是全球第八大支付货币，是全球外汇市场第九大交易货币，这些指标与中国的大国地位明显不符，尤其国际储备指标——人民币占国际储备资产的比重微乎其微，以至于 IMF 都没有将人民币单独统计（瑞士法郎还占比 0.8%），而将人民币统计在"其他"项目中。可以说，中国金融业的滞后发展已经成为人民币走向国际化的一块短板。

1. 加快建立发达的金融市场。

人民币国际化不仅是要让人民币走出去，还要让人民币回得来。美国回流境外美元的模式为中国提供了一个很好的示范。在第二次世界大战结束之后，通过布雷顿森林货币体系，美元扮演了世界货币的职能，向全世界输出美元。另外，美国国内发达的金融市场又吸引了其他国家通过各种方式将取得的美元回流到美国，即通过开放本国金融市场，以资本项目顺差弥补经常项目逆差，从而形成一种资金流循环，维持了美国的收支平衡。人民币走出国门之后，也需要构建回流到境内金融市场投资的渠道，这就需要中国建立起发达的金融市场。

中国目前的金融市场不论从市场的广度还是从深度来说，与发达国家相比都还存在很大的差距。笔者认为，现阶段中国应该重点从以下两个方面着力建设金融市场。

（1）金融市场主体建设——建立国际化的银行体系。随着人民币国际化程度的不断加深，必须要有一个发达的与世界有密切联系的金融市场与之相伴。银行业是金融市场的主体，也是经营货币的主体，是货币流通的中介。因此，国际化的银行体系是实现人民币国际化的一个不可缺少的条件。

第一，推动银行业重组。首先，继续对国有商业银行进行股份制改革，建立与国际商业银行制度相适应的银行体系，引入外部战略投资者，以达到灵活银行运行机制、提高银行运行效率以及充裕资本等问题。其次，为外资银行提供国民待遇。国内银行特别是国有银行长期以来业务主要集中在回报率低或者风险低的低端业务方面，产品开发和业务创新能力严重不足。但在外资银行全面经营人民币业务之后，这一现象将得到很大改善。外资银行将会把母银行在全球范围内丰富的产品、开发知识和差异化服务经验带进中国银行业，国内银行将在激烈的市场竞争中得到进化，快速提高其金融创新能力和竞争能力，提高银行业获利能力。最后，鼓励中国银行实施并购重组。通过国内商业银行之间或国内商业银行向其他国家商业银行的兼并、收购及其他重组等方式，形成中国银行业的航空母舰，增强其国际竞争力。

第二，推动中国银行业国际化布局的发展。这一布局可以分两阶段进行：第一阶段，中国银行业的亚洲布局。在这一阶段，中国银行业要努力在周边国家和地区以及与中国贸易往来较多的亚洲国家和地区，特别是中国香港、日本、韩国、中国台湾和东盟建立分支机构，充分利用进出口贸易在上述国家和地区已具有的较强覆盖性以及多边贸易与合作的较强依存性，加快银行业与上述国家和地区银行业的合作和往来，把它们作为第一战略拓展点，积极开展人民币业务。第二阶段，在伦敦、法兰克福和纽约等国际金融中心设立分支机构，以国际金融中心为据点，把中国银行业务辐射至全球，形成覆盖亚洲、非洲、欧洲的全球业务网络和资金网络，以强大的全球资金链作支撑，满足中国及外国的跨国公司在全球范围内配置资金的需求。

（2）金融市场工具——发展人民币债券市场及人民币计价的金融衍生品。人民币债券市场及人民币计价的金融衍生品应分为三个阶段：第一阶段，中国金融市场应大力推进人民币短期国债市场，这是中国金融市场最紧缺的市场工具。一个发达的短期国债市场既是央行进行公开市场操作的平台，同时又是回流境外人民币资金的工具。第二阶段，在中国金融体制不断完善的前提下，允许国际金融组织和符合条件的境外企业及商业银行在境内发行人民币债券，以促进人民币的境外持有。第三阶段，允许一些高质量的企业，如 IBM、英特尔等，在中国 A 股市场发行人民币债券或股票，筹集人民币资金。此举有利于非居民得到人民币资金，也有利于促进了人民币的跨境流通。

2. 大力提高金融监管能力。

人民币走向国际化，必须要有发达的金融市场，资本项目开放，但也有可能造成外部风险内部化、隐性风险显性化。所以只有金融市场建设和提升金融监管能力同步进行，才能有效地防范人民币国际化中的金融风险。从近几次国际金融危机的经验和教训来看，这些危机的根源都与金融监管的缺失、放松与不力有关。亚洲金融危机的爆发，就是亚洲国家当时普遍缺少对热钱的监管，使得国际游资通过离岸金融市场取得泰铢而后，对泰国金融市场发起攻击，最终导致泰国放弃固定汇率，爆发金融危机并传导至整个亚洲。美国次债危机的爆发与其金融监管缺位有着直接的联系。20 世纪 90 年代以后，美国金融衍生品市场开始蓬勃发展，各种创新型金融产品层出不穷，在这时，美国政府却放松了金融管制。信贷的扩张在金融监管缺位的情况下，以令人咋舌的速度发展，最终演化成了一场自大萧条以来最大的金融危机。人民币一旦国际化将加大中国遭遇金融风险的概率，这就要求中国采取各种措施，尽快提高金融监管能力。

（1）健全金融法制建设。中国现有的金融法律大多数是在由计划经济向市场经济转轨过程中逐步制定和颁布的，目前已暴露出诸多的弊端和缺陷：一是金融法的系统性与协调性不足。中国目前的金融法规经常会出现补充不足、法律关系冲突、废改立不及时、与国际法不协调的现象。二是中国现有的金融监管体制的构筑存在缺陷。现有的监管体制比较突出对市场准入、稽核检查、调查统计、谨慎性要求等方面进行监管，但是对于市场退出、同业自律、内部控制机制等方面的监管还存在监管空白。三是金融法规制定国民待遇问题扭曲。金融法制的制定往往将内资银行与外资银行、外国银行区别对待，导致在金融监管时多注重中资银行的监管，而对外资银行的管制则较为缺失。

（2）完善金融监管体系。目前，中国的金融监管体系施行的是分业监管，在每一个领域分别设立一个专业的监管机构，也就是，中国人民银行监管银行业，证监会监管证券业，保监会监管保险业。当今，全球金融业的混业经营已是大势所趋，中国金融业在人民币国际化的进程中正逐渐与国际金融业接轨。相比中国金融业的发展，中国的监管体制已明显滞后，中国人民银行、证监会、保监会仍然各自为政，很多时候会形成监管真空，既不能在监管信息上形成沟通，也不能在监管制度上达到有效配合。

因此，对中国的金融监管体制进行改革势在必行。笔者认为，中国可以在目前分业监管的基础上促进协调监管：设立由国务院领导，中国人民银行、财政部、证监会、保监会为委员的"金融监督委员会"，对涉及中国金融稳定的重大事宜实行投票决定机制，实行混业协调监管机制。

（3）加强对人民币离岸金融市场的监管。随着人民币国际化程度的加深，人民币的离岸需求将日益扩大，人民币离岸金融市场的大量现存必定会对国内金融市场带来一定的冲击和风险，但是，只要监管得当，人民币离岸金融市场将进一步推动人民币国际化的进程。监管人民币离岸金融市场需从以下四个方面入手：一是借鉴美国国际银行业务（IBF）和日本离岸金融中心（JOM）的海外特别账户的管理，对人民币离岸业务和在岸业务、离岸账户和在岸账户实行严格的分离管理；二是建立人民币离岸金融市场预警系统和指标体系，实行信息的实时监测和管理；三是规范和明确人民币跨境业务市场主体的准入管理和业务范围；四是强化人民币跨境流动监测监管，严密监视境外大额人民币资金的流向和分布，严打热钱跨境流动。

# 参 考 文 献

［1］马克思. 政治经济学批判. 马克思恩格斯全集 ［M］. 北京：人民出版社，1962：33.

［2］配第. 货币略论. 配第经济著作选集 ［M］. 北京：商务印书馆，1981：117.

［3］马克思. 中共中央马克思恩格斯列宁斯大林著作编译局译. 马克思恩格斯全集 ［M］. 北京：人民出版社，1973：181.

［4］斯密. 国民财富的性质和原因的研究（下卷）［M］. 北京：商务印书馆，1972：13.

［5］斯密. 国民财富的性质和原因的研究（下卷）［M］. 北京：商务印书馆，1972：227.

［6］斯密. 国民财富的性质和原因的研究（下卷）［M］. 北京：商务印书馆，1972：271.

［7］马克思. 中共中央马克思恩格斯列宁斯大林著作编译局译. 资本论（第一卷）［M］. 北京：人民出版社，2004：168.

［8］马克思. 中共中央马克思恩格斯列宁斯大林著作编译局译. 资本论（第一卷）［M］. 北京：人民出版社，2004：167.

［9］陈征. 资本论解说 ［M］. 福州：福建人民出版社，1997：146.

［10］萨伊. 政治经济学概论 ［M］. 北京：商务印书馆，1963：243.

［11］萨伊. 政治经济学概论 ［M］. 北京：商务印书馆，

1963：254.

[12] 科恩. 代先强译. 货币地理学 [M]. 成都：西南财经大学出版社，2004：1 - 2.

[13] 乔臣. 货币国际化思想的流变 [D]：[博士学位论文]，福州：福建师范大学，2011.

[14] 弗里德曼. 货币政策与财政政策的对话 [M]. 北京：中华书局，1980：52.

[15] 弗里德曼. 货币政策与财政政策的对话 [M]. 北京：中华书局，1980：52.

[16] 蒙代尔. 蒙代尔经济学文集（第五卷）[M]. 北京：中国金融出版社，2003：47.

[17] 乔臣. 货币国际化思想的流变 [D]：[博士学位论文]，福州：福建师范大学，2011.

[18] 保罗·R. 克鲁格曼、茅瑞斯. 奥伯斯法尔德. 国际经济学（第八版）. 北京：中国人民大学出版社，2011：555 - 556.

[19] V. K. Chetty, On Measuring the Nearness of Near Money. The American Economic Review, June 1969, 59, pp. 279 - 281.

[20] Marc. A. Miles, Currency Substitution, Flexible Exchange Rates, and Monetary IndependeDce. American Economic Review, June 1978, pp. 428 - 437.

[21] Bordo & Choudri, Currency Substitution and The Demand For Money, Journal of Money, Credit and Banking, 1982, 14 (1). pp. 48 - 57.

[22] Cuddington John. Currency Substitution, Capital Mobility and Money Demand. Journal of International Money and Finance, 1983, 2, pp. 111 - 133.

[23] Poloz S, S Currency Substitution and The Precautionary Demand For Money. Joumal of Imemational Money and Finance,

1982, 5（1）, pp. 115 – 124.

［24］邱晟晏, 刘力臻. 人民币国际化研究观点评述［J］. 经济纵横, 2012（5）: 105 – 108.

［25］Benjamin J. Cohen, The Future of Sterling as an International Currency, London: Macmillan St. Martin's Press, 1971, pp. 13 – 23.

［26］Phillip Hartman, Currency Competition and Foreign Exchange Markets: the Dollar, the Yen and the Euro, New York: Cambridge University Press, 1998, pp. 5.

［27］蒙代尔. 汇率与最优货币区蒙代尔经济学文集（第五卷）［M］. 北京: 中国金融出版社, 2003.

［28］鲁迪格·多恩布什. 伟大的繁荣［J］. 明镜（德国）, 1999（24）: 132 – 147.

［29］马克思. 资本论［M］. 北京: 人民出版社, 1975（6）: 第 1 卷, 163.

［30］Bergsten, C. Fred, The Dilemmas of the Dollar: the Economics and Politics of United States International Monetary Policy. New York University Press, 1975.

［31］Matsuyama K. , N. Kiyotaki and A. Matsui, Toward a Theory of International Currency, Review of Economic Studies, 1993, 60, pp. 283 – 307.

［32］Tavlas, G. S, Internationalization of currencies: The Case of the US Dollar and Its Challenger Euro, The International Executive, 1997.

［33］Bacchetta, Philippe, Eric van Wincoop. Why Do Consumer Prices React Less Than Import Prices to Exchange Rates? . NBER Working Paper 9352. 2002.

［34］Mundell, R. A. , The International Financial System and

Outlook for Asian Currency Collaboration, The Journal of Finance, 2003, 58, 4, pp. 3 – 7.

［35］韩文秀. 国际货币的支撑要素——国家货币演变为国际货币的历史考察［J］. 宏观经济研究, 2009（3）: 19 – 25.

［36］周群. 人民币已具备国际化的基本条件［J］. 经济研究资料, 2004（1）: 43 – 44.

［37］何慧刚. 人民币国际化的模式选择和路径安排［J］. 经济管理, 2007（5）: 10 – 15.

［38］沈小燕. 国际金融危机——人民币国际化的机遇［J］. 世界经济情况, 2009（5）: 37 – 42.

［39］景学成. 论人民币基本可兑换［J］. 财贸经济, 2000（8）: 28 – 33.

［40］何泽荣主编. 入世与中国金融国际化研究［M］. 成都: 西南财经大学出版社, 2002, 69.

［41］徐明棋. 从日圆国际化的经验教训看人民币国际化与区域化［J］. 世界经济研究, 2005（12）: 39 – 44.

［42］Aliber, R. Z. , The Costs and Benefits of the U. S. Role as a Reserve Currency Country, Quarterly Journal of Economics, 1964, 79, pp. 442 – 456.

［43］Tavlas, G. S. , The International Use of the US Dollar, World Economy, 1997, 20, pp. 709 – 49.

［44］曹勇. 国际铸币锐的分配、计算与启示［J］. 华南金融研究, 2002（5）: 9 – 12.

［45］陈雨露, 王芳, 杨明. 作为国家竞争战略的货币国际化: 美元的经验证据——兼论人民币的国际化问题［J］. 经济研究, 2005（2）: 35 – 44.

［46］郑木清. 论人民币国际化的经济效应［J］. 国际金融研究, 1995（7）: 34 – 35.

［47］陶士贵. 人民币区域化的初步构想［J］. 管理现代化，2002（5）：56 - 60.

［48］郭恩才，薛强. 人民币国际化的几个问题［J］. 大连海事大学学报，2002（3）：50 - 53.

［49］赵海宽. 应促进人民币成为世界货币之一［J］. 财贸经济，2001（5）：63 - 66.

［50］谢太峰. 对人民币国际化要两面看［N］. 人民日报海外版，2009 - 08 - 06.

［51］Eijffinger, S., "The International Role of the Euro", Briefing Paper on "The Conduct of Monetary Policy and an Evaluation of the Economic Situation in Europe 4th Quarter 2003（November 2003）" for the European Parliament.

［52］盛洪. 对冲基金、金融市场与民族国家［J］. 经济研究，1999（12）：50 - 59.

［53］赵海宽. 人民币可能发展成为世界货币之一［J］. 经济研究，2003（3）：54 - 60.

［54］李婧，管涛，何帆. 人民币跨境流通的现状及对中国经济的影响［J］. 管理世界，2004（9）：45 - 52.

［55］金发奇. 人民币国际化探讨［J］. 四川大学学报（哲学社会科学版），2004（1）：36 - 38.

［56］陈岩岩，唐爱朋，孙健. 人民币国际化过程中货币整合的可行性分析［J］. 西南金融，2005（7）：7 - 9.

［57］梁彩红，杜秋莹. 中华经济区货币一体化的探讨［J］. 统计与绝策，2005（10）：127 - 128.

［58］刘力臻，徐奇渊著. 人民币国际化探索［M］. 北京：人民出版社，2006：232 - 234.

［59］李晓，丁一兵. 新世纪的东亚区域货币合作：中国的地位与作用［J］. 吉林大学社会科学学报，2004（2）：79 - 87.

[60] 周元元. 中国—东盟区域货币合作与人民币区域化研究 [J]. 金融研究, 2008 (5): 163 - 171.

[61] 刘力臻. 人民币国际化的独特路径及发展前景 [J]. 华南师范大学学报 (社会科学版), 2010 (2): 112 - 117.

[62] 李翀. 论人民币的区域化 [J]. 河北学刊, 2002 (5): 61 - 64.

[63] 李晓, 李俊久, 丁一兵. 论人民币的亚洲化 [J]. 世界经济, 2004 (2): 21 - 34.

[64] 谢太峰. 人民币国际化: 效应、可能性与推进策略 [J]. 首都经济贸易大学学报, 2007 (1): 62 - 68.

[65] 何慧刚. 人民币国际化: 模式选择与路径安排 [J]. 财经科学, 2007 (2): 37 - 42.

[66] 赵海宽. 人民币可能发展成为世界货币之一 [J]. 经济研究, 2003 (3): 54 - 60.

[67] 石凯, 刘力臻. 后危机时期的人民币国际化问题研究 [J]. 亚太经济, 2012 (1): 27 - 30.

[68] 巴曙松. 人民币国际化从哪里切入 [J]. 金融经济, 2003 (8): 14 - 15.

[69] 王元龙著. 中国抉择: 人民币汇率与国际化战略[M]. 北京: 中国金融出版社, 2012: 286.

[70] 姜波克, 张青龙. 货币国际化: 条件与影响的研究综述 [J]. 新金融, 2005 (8): 6 - 9.

[71] 钟伟. 略论人民币的国际化进程 [J]. 世界经济, 2002 (3): 56 - 59.

[72] 鲁国强. 人民币离岸化与人民币国际化探讨 [J]. 企业家天地, 2008 (1): 81 - 83.

[73] 李英俊, 贾树花. 中蒙跨境贸易结算中人民币流动状况的调查与思考——以锡盟二连浩特口岸为例 [J]. 银行家,

2011（11）：128 – 129.

[74] 苑基荣. 人民币逐渐走红非洲 [N]. 人民日报，2013 –
11 – 18（22）.

[75] 陈雨露. 国际金融 [M]. 北京：中国人民大学出版
社，2008.

[76] 新华网. 两岸正就建立货币互换安排开展相关研究
[EB/OL]. http：//news. xinhuanet. com/tw/2013 – 11/13/c＿118
126530. htm，2013 – 11 – 13.

[77] 百度百科：http：//baike. baidu. com/link？url = zoYex-
qlozJvQEpRUYgCtrXnZUzRWqlV0iVePvazo9qnenhZ6ZYgYvzqAEQ5
FxuvexWNhyLU3UoAnG2cpu2CLVa.

[78] 苑基荣. 人民币在非洲成了硬通货 [N]. 人民日报海
外版，2013 – 11 – 13（4）.

[79] 宋则行，樊亢主编. 世界经济史 [M]. 北京：经济科
学出版社，1993：230.

[80] 库钦斯基. 资本主义世界经济史研究 [M]. 北京：三
联书店，1955：41.

[81] 宋则行，樊亢主编. 世界经济史 [M]. 北京：经济科
学出版社，1993：235.

[82] 冯郁川. 人民币渐进国际化的路径与政策选择 [D]：
[博士学位论文]. 成都：西南财经大学，2007.

[83] 包大包夫等编. 国际贸易 [M]. 北京：中国财政经济
出版社，1957：79.

[84] 刘景华主编. 大国衰落之鉴 [M]. 北京：人民出版
社，2007：268.

[85] 刘自强. 美国缘何拒绝批准《凡尔赛条约》 [J]. 求
索，2005（1）.

[86] 徐讳. 略论美国第二次工业革命 [J]. 世界历史，

1989 (6): 20 - 29.

[87] 穆良平. 主要工业国家近现代经济史 [M]. 成都: 西南财经大学出版社, 2005: 107 - 108.

[88] 宫崎犀一等编. 近代国际经济要览 [M]. 东京: 日本东京大学出版社, 1981.

[89] 张宗斌, 于洪波. 中日两国对外直接投资比较研究 [J]. 世界经济与政治, 2006 (3).

[90] 唐浩. 人民币国际化演化与实现路径 [M]. 北京: 科学出版社, 2012: 47.

[91] 宗良, 李建军. 人民币国际化理论与前景 [M]. 北京: 中国金融出版社, 2011: 89.

[92] 徐少强. 外汇理论与政策 [M]. 上海: 上海财经大学出版社, 1999.

[93] IMF. International Financial Statistics, Yearbook, 1997, 1995 [R].

[94] 菊地悠二. 日元国际化——进程与展望 [M]. 北京: 中国人民大学出版社, 2002.

[95] 刘景华主编. 大国衰落之鉴 [M]. 北京: 人民出版社, 2007: 268.

[96] IMF. International Financial Statistics, Yearbook, 2000 [R].

[97] 邱晟晏. 国际金融危机发生机理及中国的防范措施研究 [D]: [硕士学位论文]. 长春: 东北师范大学, 2011.

[98] 邱晟晏, 邱嘉锋. 人民币国际化路径设计及促进措施 [J]. 学术研究, 2014 (5).

[99] Aliber, R. Z., "The Costs and Benefits of the U. S. Role as a Reserve Currency Country", Quarterly Journal of Economics. 1964, 79, pp. 442 - 456.

[100] Bergsten, C. Fred. , The Dilemmas of the Dollar: the Economics and Politics of United States International Monetary Policy. Published for the Council on Foreign Relations by NewYork University Press. 1975.

[101] Brunner, Karl and Meltzer, Allan H. , "A Monetarist Framework for Aggregative Analysis" Proceedings of First Konstanzer Seminar on Monetary Theory and Monetary Policy Supplement to Credit and Capital. 1972.

[102] Canzoneri, Matthew, Robert Cumby, Behzad Diba and David López Salido, The Macroeconomic Implications of a Key Currency, NBER Working Paper , 2008. No. 14242.

[103] Chinn, Menzie, & Frankel, Jeffrey. Will the Euro Eventually Surpass the Dollar as Leading International Reserve Currency? NBER Working Paper NO. 11510. 2005.

[104] Chrystal, K. Alec. "On the Theory of International Money", in J. Black and G. S. Dorrance, eds. , Problems of International Finance. New York: St. Martin's Press, 1984.

[105] Cohen, Benjamin J. The future of sterling as an international currency. London: Macmillan, 1971.

[106] Cook, David, and Michael Devereux. External currency pricing and the East Asian crisis, Journal of International Economics, 2006, 69, pp. 37 –63.

[107] Corden, W. M. , "Monetary Integration: Essays in International Finance. " International Finance Section, No. 93. Princeton University, Department of Economics, 1972.

[108] De Grauwe, Paul. The Economics of Monetary Integration. Oxford: Oxford University Press, Third Edition, 1997.

[109] Devereux, Michael B. & Charles Engel. "Monetary Pol-

icy in the Open Economy Revisited: Price Setting and Exchange Rate Flexibility". NBER Working Paper, National Bureau of Economic Research, 2000.

[110] Devereux, Michael B. & Charles Engel. "Monetary Policy in the Open Economy Revisited: Price Setting and Exchange – Rate Flexibility". Review of Economic Studies, 2003, 70, pp. 765 – 783.

[110] Devereux, Michael B. & S. Shi. Vehicle Currency, Federal Reserve Bank of Dallas Globalization and Monetary Policy Institute Working Paper No. 10. 2008.

[112] Dobson, Wendy, & Masson, Paul. Will the renminbi become a world currency?, China Economic Review, 2009, Vol. 20, pp. 124 – 1350.

[113] Eichengreen, Barry. "History and Reform of the International Monetary System." Center for International and Development Economics Research (CIDER) Working Papers C94 – 041, University of California at Berkeley, 1994.

[114] Eijffinger, S. , "The International Role of the Euro", Briefing Paper on "The Conduct of Monetary Policy and an Evaluation of the Economic Situation in Europe 4th Quarter 2003 (November 2003)" for the European Parliament. 2003.

[115] Frankel, Jeffrey A. , "The Japanese Cost of Finance: A Survey", Financial Management 1991, 20 (1): pp. 95 – 127.

[116] Friberg, Richard. "In Which Currency Should Exporters Set Their Prices?" Journal of International Economics, 1998, Vol. 45, pp. 59 – 76.

[117] Fujiki, Hiroshi and Otani, Akira. "Do Currency Regimes Matter in the 21st Century?" An Overview, Monetary and Economic Studies, Institute for Monetary and Economic Studies, Bank of

Japan, 2002, Vol. 20 (S1): pp. 47 – 79.

[118] Goldberg, Linda, and Cedric Tille. Macroeconomic Interdependence and the International Role of the Dollar, Federal Reserve Bank of New York Staff Reports No. 310. 2008.

[119] Gourinchas, Pierre-Olivier and Rey, Hélène. From World Banker to World Venture Capitalist: US External Adjustment and the Exorbitant Privilege. NBER Working Paper No. 11563, 2005.

[120] Hayek. "Denationalization of Money" London: Institute of Economic Affairs, 1978.

[121] Hartmann, P. , The International Role of Euro. Journal of Policy Modeling, 2002, Vol. 24. p. 315.

[122] Kannan, P. , On the welfare benefits of an international currency. European Economic Review, 2009, 53, pp. 588 – 606.

[123] Krugman, Paul. "Vehicle Currencies and the Structure of International Exchange. " Journal of Money, Credit and Banking, 1980, pp. 513 – 526.

[124] Matsuyama, Kiyotaki and Akihiko. "Towards a Theory of International Currency" Review of Economic Studies, 1993, pp. 283 – 307.

[125] Mckinnon, R. I. , "Portfolio Balance and International Payments Adjustment" in Monetary Problems of the International Economy. Chicago: University Press, 1969, pp. 199 – 234.

[126] Mundell, R. A. , The International Financial System and Outlook for Asian Currency Collaboration. The Journal of Finance, 2003, Vol. 58, No. 4, Aug. pp. 3 – 7.

[127] Papaioannou, Elias and Portes, Richard. Costs and benefits of running an international currenc, European Commission Directorate – General for Economic and Financial Affairs Economic Pa-

pers, 2008, p. 348.

[128] Rey, H. , "International Trade and Currency Exchange. " Review of Economic Studies, 2001, Vol. 7, pp. 443 - 464.

[129] Swoboda, A. and Mundell, R. A. , Monetary Problems of the International Economy. University of Chicago Press, 1969.

[130] Triffin, Robert. Gold and the Dollar Crisis: the Future of Convertibility. NewHaven: Yale University Press, 1961.

[131] Tavlas, G. , "The International Use of the US Dollar. " World Economy, 1997, 20, pp. 709 - 749.

[132] Tavals, George S. , "Internationalization of Currencies: The Case of the US Dollar and Its Challenger Euro" The International Executive, 1998, P. 581.

[133] Wright, R. and Trejos, A. International Currency. Advances in Macroeconomics, 2001, Vol. 1.

[134] 巴曙松. 2009: 人民币国际化的起步之年 [J]. 经济, 2009 (6).

[135] 编辑部. 不断开创央行事业新局面, 全面深化金融业改革开放——纪念中国人民银行成立65周年 [J]. 中国金融家, 2013 (12).

[136] 曹红辉. 人民币区域化的新进展及发展态势 [J]. 中国金融, 2008 (10).

[137] 曹彤, 赵然, 杨丰. 人民币国际化进程进一步加快 [N]. 第一财经日报, 2013 - 06 - 03 (6).

[138] 陈健, 周轩千. 人民币跻身世界十大交易货币 [N]. 上海金融报, 2013 - 09 - 13 (5).

[139] 陈劲. 论人民币国际化的风险防范 [J]. 现代商业, 2009 (17).

[140] 陈文玲, 颜少君. 未来30年中国国际贸易发展趋势与

特点［Z］. 中国经济分析与展望（2010 – 2011），2011 – 01 – 01.

［141］陈晞. 中国货币一体化的模式与步骤研究［D］.［博士学位论文］，厦门：厦门大学，2009.

［142］陈雨露、王芳、杨明. 作为国家竞争战略的货币国际化：美元的经验证据——兼论人民币的国际化问题［J］. 经济研究，2005（2）.

［143］陈治国. 人民币国际化问题研究［D］.［博士学位论文］，长春：吉林大学，2011.

［144］戴鸿广，蒋琳，潘文娣. 人民币国际化的利弊分析［J］. 经济研究导刊，2009（15）.

［145］戴芷畅. 香港建立人民币离岸金融中心的优势与发展现状［J］. 经济研究导刊，2012（27）.

［146］丁宝根. 新形势下关于人民币国际化的思考［J］. 黑龙江对外经贸，2009（5）.

［147］对西方经济学理论体系的批判与借鉴——丁冰教授访谈［J］. 国外理论动态，2004（8）.

［148］董玉峰. 人民币国际化的路径选择与策略研究［D］.［硕士学位论文］，保定：河北大学，2009.

［149］冯郁川. 人民币渐进国际化的路径与政策选择［M］. 北京：中国金融出版社，2009.

［150］高冠江，李建朋. 发展熊猫债券 助力资本市场创新开放［N］. 中国证券报，2012 – 06 – 13.

［151］哈继铭. 人民币国际化对资产价格的影响［J］. 中国金融，2009（9）.

［152］韩文秀. 国际货币的支撑要素——国家货币演变为国际货币的历史考察［J］. 宏观经济研究，2009（3）.

［153］郝雨，张玉琴. 国际货币体系演化视角下的人民币国际化分析［J］. 云南财经大学学报（社会科学版），2012（4）.

［154］何帆，李婧．人民币国际化的成本收益分析和路径选择［EB/OL］．http：//www. xslx. com/htm/jjlc/csjr/2004 - 10 - 11 - 17464. htm.

［155］何帆．人民币国际化的现实选择［J］．国际经济评论，2009（7 - 8）.

［156］何国华．西方货币国际化理论综述［J］．经济评论，2007（4）.

［157］何慧刚．人民币国际化：模式选择与路径安排［J］．财经科学，2007（2）.

［158］贺军．人民币国际化进程［J］．中国企业家，2009（1）.

［159］黄亭亭．人民币国际化基本条件分析：基于风险和责任角度［J］．上海金融．2009（4）.

［160］黄应来．改革开放以来 GDP 年均增 9. 8%［N］．南方日报，2013 - 11 - 07（2）.

［161］姜波克．国际金融新编［M］．上海：复旦大学出版社，2001.

［162］姜波克、张青龙．货币国际化：条件与影响的研究综述［J］．新金融，2005（8）.

［163］姜木兰．加速人民币在东盟区域的国际化进程［N］．广西日报，2013 - 11 - 13（12）.

［164］焦继军．人民币跻身于国际货币之列的效应分析[J]．经济问题，2005（1）.

［165］焦继军．略论人民币国际化进程中的风险与防范[J]．兰州商学院学报，2006（4）.

［166］交通银行课题组．人民币国际结算的重大意义与现实挑战［J］．新金融，2009（2）.

［167］金叶敏．浅谈西方经济思想史中的理论分歧——比较

亚当·斯密与庞巴维克的经济理论 ［J］. 科技经济市场，2007 （4）.

［168］李翀. 论英镑、美元和日元国际化对人民币国际化的启示 ［J］. 贵州财经学院学报，2013 （1）.

［169］李杰. 人民币国际化问题 ［J］. 当代经理人，2006 （1）.

［170］李婧等. 人民币跨境流通的现状及对中国经济的影响 ［J］. 管理世界，2004 （9）.

［171］李婧. 中国资本账户自由化与人民币汇率制度选择 ［D］. ［博士学位论文］，北京：中国社会科学院研究生院，2002.

［172］李倩. 香港发展离岸人民币中心前景广阔 ［N］. 金融时报，2011 – 08 – 20 （2）.

［173］李松龄. 两种不同价值观关于货币理论与政策的认识 ［J］. 湖南税务高等专科学校学报，2002 （2）.

［174］李晓. 现阶段人民币国际化的进展及面临的问题［J］. 中国市场，2011 （20）.

［175］李晓，李俊久，丁一兵. 论人民币的亚洲化 ［J］. 世界经济，2004 （2）.

［176］李瑶. 非国际货币、货币国际化与资本项目可兑换 ［J］. 金融研究，2003 （8）.

［177］刘力臻. 人民币区域化成因透析 ［J］. 管理现代化，2005 （1）.

［178］刘力臻. 人民币国际化下的货币政策效应分析 ［J］. 税务与经济，2005 （4）.

［179］刘力臻. 人民币国际化的独特路径及发展前景 ［J］. 华南师范大学学报 （社会科学版），2010 （2）.

［180］刘璐. 人民币在中南半岛区域化研究 ［J］. 学术探索，2013 （12）.

[181] 刘璐. 人民币在中南半岛区域化的背景与条件分析 [J]. 时代金融, 2013 (27).

[182] 刘曙光. 人民币国际化：背景与路径 [J]. 银行家, 2009 (5).

[183] 李韫. 人民币国际化的路径选择和战略思考 [J]. 产业与科技论坛, 2009 (12).

[184] 刘宗华等. 人民币境外流通问题研究 [J]. 山东财政学院学报, 2003 (4).

[185] 娄季芳. 国际比较视角下的人民币国际化研究 [D]. [博士学位论文]. 北京：中共中央党校, 2012.

[186] 罗宁. 国际大宗商品以人民币计价还有多远 [N]. 第一财经日报, 2013 - 10 - 30 (7).

[187] 马荣华. 人民币国际化进程对我国经济的影响 [J]. 国际金融研究, 2009 (4).

[188] 马章良. 人民币国际化对中国外贸的影响 [J]. 金融与经济, 2009 (5).

[189] 孟捷. 推进人民币国际化路径探析 [D]. [硕士学位论文]. 成都：西南财经大学, 2011.

[190] 欧阳晓红. 人民币国际地位升级，货币弱势仍明显 [N]. 经济观察报, 2013 - 09 - 16 (20).

[191] 欧阳祖友. 人民币国际化的利弊分析与推进策略[J]. 上海经济, 2010 (9).

[192] 潘理权. 人民币国际化发展路径及保障措施研究 [D]. [博士学位论文], 合肥：合肥工业大学, 2011.

[193] 乔臣. 20 世纪 30 - 70 年代货币国际化的思想归结——兼论人民币国际化范式的选择 [J]. 湖南科技学院学报, 2012 (6).

[194] 宋芳秀, 李庆云. 美元国际铸币税为美国带来的收益

和风险分析 [J]. 国际经济评论, 2006 (7－8).

[195] 石凯, 刘力臻. 后危机时期的人民币国际化问题研究 [J]. 亚太经济, 2012 (1).

[196] 石淇玮. 人民币国际化的路径研究——基于美元、德国马克和日元国际化历史的经验分析 [J]. 上海金融, 2013 (10).

[197] 孙东升. 人民币跨境流通的理论与实证分析 [D]. [博士学位论文], 成都: 西南财经大学, 2007.

[198] 孙芙蓉. 香港应扮演好人民币离岸业务的新角色——访香港特别行政区政府财经事务及库务局副局长梁凤仪 [J]. 中国金融, 2011 (15).

[199] 孙海霞. 货币国际化条件研究 [D]. [博士学位论文], 上海: 复旦大学, 2011.

[200] 孙杰. 人民币国际化问题——访中国社会科学院国际金融中心 [J]. 时事报告, 2002 (7).

[201] 孙修修. 成本——收益分析下的人民币国际化问题 [J]. 国际金融, 2002 (10).

[202] 田永峰, 王仕军. 让经济逻辑回归文化自觉——亚当·斯密理论体系中两条主线关系的辨正 [J]. 湖北经济学院学报, 2012 (1).

[203] 王琛. 人民币区域化问题研究 [D]. [博士学位论文], 北京: 中央财经大学, 2008.

[204] 王晓燕. 人民币国际化的现状及推进策略 [J]. 海南金融, 2013 (6).

[205] 王勇. 中欧货币互换推进人民币国际化 [N]. 证券时报, 2013－10－14 (3).

[206] 王元龙. 人民币国际化与国家金融安全 [J]. 国有资产管理, 2009 (7).

［207］魏艳涛，王赢．浅析次贷危机背景下的人民币国际化进程［J］．现代经济信息，2009（11）．

［208］翁东玲．人民币资金跨境流动中的风险与防范［J］．福建论坛（人文社会科学版），2013（9）．

［209］武艳杰．透视美国金融危机：全球经济与国际货币体系的双失衡［J］．国际问题研究，2009（1）．

［210］吴慧萍．国际货币和货币国际化研究成果综述［J］．现代财经，2010（7）．

［211］吴念鲁，杨海平，陈颖．论人民币可兑换与国际化［J］．国际金融研究，2009（11）．

［212］熊红明．人民币在东盟国际化步伐提速［N］．中国信息报，2014 - 01 - 22（6）．

［213］徐慧贤，金桩．货币国际化的经验及对人民币国际化的启［J］．社会科学论坛，2010（8）．

［214］徐明棋．国际货币体系缺陷与国际金融危机［J］．国际金融研究，1999（7）．

［215］闫立良．人民币国际化突破 G7 "防线"，货币互换挺进英国［N］．证券日报，2013 - 06 - 24（2）．

［216］杨长江，姜波克．国际金融学（第三版）［M］．北京：高等教育出版社，2008．

［217］姚莉．设立离岸金融市场促进人民币国际化［J］．中国国情国力，2007（11）．

［218］姚新超，左宗文．新型自由贸易协定的发展趋势及中国的因应策略［J］．国际贸易，2014（1）．

［219］姚枝仲．对外投资加速人民币国际化［J］．财会研究，2012（3）．

［220］曾宪久．中国金融国际化探讨［J］．国际金融导刊，1989（3）．

［221］曾康霖．央行铸币税与财政赤字弥补［J］．金融研究，2002（9）．

［222］曾康霖等．人民币国际化及其条件［J］．经济研究参考，2002（71）．

［223］赵海宽．应促进人民币成为世界货币之一［J］．农金纵横，2001（3）．

［224］赵海宽．人民币可能发展成为世界货币之一［J］．经济研究，2003（3）．

［225］赵娜．人民币国际化的收益与成本分析［J］．黑龙江对外经贸，2007（6）．

［226］张桂文．货币国际化问题研究［D］．［博士学位论文］，成都：西南财经大学，2012．

［227］张明．人民币国际化渐进中［J］．首席财务官，2009（6）．

［228］张沐．人民币国际化机遇与利弊权衡［N］．国际财经时报，2009－03－30．

［229］张楠．浅析人民币国际化问题及实现路径［D］．［硕士学位论文］，苏州：苏州大学，2013．

［230］张青龙．人民币国际化［J］．世界经济情况，2005（6）．

［231］张青龙．人民币国际化问题研究［D］．［博士学位论文］，上海：复旦大学，2006．

［232］张群发．美元霸权和人民币国际化［J］．经济经纬，2008（2）．

［233］张毅，李海元、尹世昌．李克强出席国家"十二五"规划与两地经贸金融合作发展论坛［N］．人民日报，2011－08－18（1）．

［234］张宇燕，张静春．货币的性质与人民币的未来选择

[J]. 当代亚太，2008（2）.

[235] 张原. 美元国际化的历史经验及其对我国的启示 [J]. 经济研究参考，2012（37）.

[236] 张元振. 日元国际化教训对我国推行人民币国际化的启示 [J]. 时代金融，2013（5）.

[237] 郑磊. 国际比较视角下的人民币国际化进程 [J]. 中国市场，2012（11）.

[238] 郑木清. 论人民币国际化的经济效应 [J]. 国际金融研究，1995（7）.

[239] 钟红. 人民币国际化发展道路的选择 [J]. 国际贸易，2012（3）.

[240] 钟伟. 略论人民币的国际化进程 [J]. 世界经济，2002（3）.

[241] 中国人民银行货币政策分析小组. 中国货币政策执行报告 [N]. 金融时报，2013 - 02 - 07（3）.

[242] 中国人民银行货币政策分析小组. 中国货币政策执行报告 [N]. 金融时报，2012 - 02 - 16（3）.

[243] 周剑，廉丹. 优势托起人民币离岸业务 [N]. 经济日报，2013 - 04 - 24（11）.

[244] 周林，温小郑. 货币国际化 [M]. 上海：上海财经大学出版社，2001.

[245] 周毅. 人民币国际化路径选择文献综述 [J]. 知识经济，2012（7）.

[246] 周小川. 全面深化金融业改革开放 加快完善金融市场体系 [N]. 人民日报，2013 - 11 - 28（7）.

[247] 朱以宁. 离岸人民币市场对人民币汇率的影响分析 [J]. 现代经济信息，2013（7）.

[248] 朱剑红. 35 年，中国经济"一路向上" [N]. 人民日

报，2013 - 11 - 21（4）.

[249] 褚高峰. 财富的本质、源泉和致富途径——学习亚当·斯密著作《国民财富的性质和原因的研究》的一些体会 [J]. 山西财经学院学报，1989（6）.

[250] 褚华. 人民币国际化研究研究 [D]. [博士学位论文]，上海：复旦大学，2009.

# 后　记

本书是在我的博士学位论文基础上修改出版的。

时光冉冉，日月如梭，从论文开题到完成写作，恍然已经度过了三个春秋。回首三年的博士时光，感到充实而忙碌，写作过程中，也是辛苦而快乐，正如周恩来总理在诗作《雨中岚山》中所写"人间的万象真理，愈求愈模糊，模糊中偶然见着一点光明，真愈觉姣妍。"写作完成之时，内心充满感激。

首先，我要感谢我的导师刘力臻教授，她学术造诣深厚，治学态度严谨，为人谦和豁达。在传道、授业、解惑中，教我为学、为人，耳提面命，悉心指导，点点滴滴，令我铭记在心，受益终身。正是在刘老师的引导和启发下，我论文的研究主题和结构框架才得以最终确立。在论文写作过程中遇到很多困难，在刘老师的耐心指导和鼓励下，都一一克服了。特别是在论文写作的后期，刘老师更是给予了很多具体的指导，使论文质量有了很大提高。

其次，郑重感谢东北师范大学经济学院的老师们。在你们的课堂上，我学会了经济学的基本理论和科学的研究方法，为写作打下了坚实的基础。特别感谢预答辩小组的教授们，他们在百忙之中审阅我的论文，并对我论文的修改提出了许多宝贵的意见。

最后，要感谢我的父母，是他们抚育我长大、教育我成长，

154

教育我要做一个诚实正派、谦虚谨慎、不骄不躁、脚踏实地、与人为善的人。现在我无以报答，唯有谨记在心，化为日后工作和学习的动力。

作　者

2018 年 10 月